サラリーマン生態100年史

ニッポンの社長、社員、職場

パオロ・マッツァリーノ

角川新書

新書版まえがき

明治時代に誕生した給与生活者という階層は、大正時代の中頃に、「サラリーマン」なる珍奇な名を得て、おなじみの存在となりました。

それからおよそ一〇〇年。

たった一〇〇年。もう一〇〇年。年齢や職業によって受け取りかたはさまざまでしょうけど、その長いような短いような歴史文化をまとめた書籍は、案外少ないのです。

一番身近な文化なのに、なぜみなさん、興味をお持ちにならないのでしょう。いまを生きるのに精一杯だから、過去を振り返る余裕なんかない？　でも、戦国時代や幕末の歴史がお好きなかたは多いじゃないですか。

私は戦国武将や幕末の志士の殺しあいなんかよりも、大正・昭和のサラリーマンや社長が会社でどんな奮闘・迷走を繰り広げていたか、アフター5や休日をどのように過ごしていたのか、そっちのほうを覗《のぞ》いてみたいと思うんですけどねえ。ていうか、他のひとがやってくれないので、私が覗き見してみました。大正・昭和に発行された膨大な数の新聞・雑誌・書籍などの史料をひもとくと、社員と社長のおもしろすぎる生態が浮かび上がってきます。

新入社員、趣味、ギャンブル、マイホーム、通勤、出張、愛人、宴会、そして、こころの病に産業スパイ。サラリーマンに縁の深いテーマごとに、この一〇〇年でなにが変わったのか、はたまた、なにも変わっていないのかを検証しました。会社と社員と社長の文化史研究の成果を、たっぷりとお楽しみください。

なお、本書は二〇一七年に刊行された『会社苦いかしょっぱいか』(春秋社)を新書化したものです。変えたのはタイトルだけで、内容にはほとんど変更はありません。単行本刊行時はまだ平成だったので、「平成の現在では……」のような記述がいくつかあります。まだ令和になって二年しか経ってないのに、「令和の現在では」と変えるのもしっくりこないので、そのままにしておきました。当時は四〇代だった私も五〇代になりましたが、そちらも記述は当時のまま。

大正・昭和の史料からの引用が多いため、女中、妾、くず屋など、いまとなっては差別用語ととらえられかねない用語が使われてますが、原文の歴史的意義とニュアンスを尊重し、できるだけいい換えることはせず、原文のままにしてあります。

さあ、どうぞ、「まえがき」なんかすっとばして、早く本文のほうを読みはじめていただいてけっこうですよ。各章ごとに内容は独立してますから、興味のあるテーマから目を通していただいても、全然かまいません。

私はせっかちなのか、本の「まえがき」は無視して、いきなり本文から読みはじめます。なので、自分の本にも「まえがき」をつけたくないのですが、出版社の編集者はたいてい、「まえがき」をつけてくれと頼んできます。

それだけ「まえがき」には需要があるってことですかね。もしかして、あなたも、「まえがき」と「あとがき」を先に読んでから本文を読みはじめるタイプのかたですか？　承知しました、そういうかたのために、ここからは歴史の見かたについての余談です。

私はしつこく過去の歴史にこだわります。いま起きている社会現象や社会問題の根っこは、必ず過去にあるからです。過去を知らずにいまだけを見て考察しても、問題の本質は見えてきません。

問題は、歴史が捏造《ねつぞう》されやすいものだということ。

歴史の捏造といいますと、戦争関連のことばかりが大声で議論されています。でも実際には、美化・捏造がもっとも頻繁に見られるのは身近な庶民の歴史・文化史なんです。戦争史には研究者がたくさんいるので、怪しげな新説が登場すれば、ただちに検証・反論が行われます。しかし庶民の歴史には専門家が少ないので、根拠のあいまいな回想でも、検証されずに定説になっちゃうことが多いんです。

薄れた記憶は往々にして、脳内補正によって美しいお花畑に変換されます。過去の社会も人間も、いまよりずっと素晴らしかった。現代の日本人は劣化したのだ……。

もっともポピュラーなのが、「むかしは玄関にカギかけなくても、泥棒なんて入らなかったよ」とか、「むかしはこんなに詐欺なんていなかったよ」という嘆き節。そういう話をするひとは、近頃はむかしより物騒になった、むかしはいいひとばかりだったのに、という脳内イメージでよのなかを見ています。

とんでもない事実誤認です。日本の警察は戦前から詳しい犯罪統計を残してます。ピークだった昭和四〇年代の空き巣被害件数は現在の倍以上、戦前昭和の詐欺被害件数は現在の一〇倍もありました。統計という事実に、記憶のウソが打ち砕かれます。

いまは日本の歴史上もっとも犯罪が少ない時代なのに、一般市民が新聞・テレビ・ネットを通じて犯罪報道に接する機会は、歴史上もっとも多くなりました。このギャップのせいで、むかしより犯罪が増えたように錯覚してしまうのです。

このように、文献調査で裏を取り、麗しき過去のフェイクイメージをプチプチと潰《つぶ》していくのが私の流儀です。

歴史の悪い面を恥と考え、隠そうとするから捏造が起きるんです。歴史の悪い面はおもてに出して、むかしはヒドかったよねー、むかしのひとって、しょうもなかったねー、でもちょっとおもしろかったかもね、とダメな過去とダメな先人を受け入れることが、正しい歴史認識につながります。

いつの時代にも、いい面と悪い面がある。いつの時代にも、いいひとと悪いひとがいる。このあたりまえの歴史認識を再構築しているのだから、喜ばれたり感謝されたり桜を見る会に招待されたりしそうなものですが、過去を美化したいひとたちから、私はとても憎まれてます。

これまでいろんなテーマで日本の近現代文化史を切り取ってきましたが、なかでも興味深かったのが、クレーマーと商店街の歴史でした。

理不尽な苦情で小売店に詰め寄るクレーマーは近年発生したと思われがちですが、すでに大正時代、小売店向けクレーマー対応マニュアルみたいな本が何冊も出版されてました。読んでみますと、苦情の内容もいまと変わらないし、客に非があるのがあきらかでも、ケンカ腰にならず、まずは相手の話に耳を傾けよなど、店側へのアドバイスもいまとほぼ一緒です。デパートの三越は明治四四年、他社に先駆けて専門の苦情対応係を創設していたのですから、当時からどんだけクレーマーが大勢いたかってことです。

商店街が人情やふれあいをウリにするようになったのは近年の話です。昭和のころには、無愛想で不親切な商店主や店員が多いことがたびたび問題視され、商工会議所が商店主たちに啓蒙《けいもう》・指導をすることもありました。

個人商店主たちが徒党を組み、強力なライバルであるスーパーを青果の卸売市場から締め出すなんて姑息《こそく》な手段を取ってることが報道されて、余計に消費者から愛想をつかされるハメになった例とかも。

そうした日本商業史のブラックな一面を知るにつけ、じゃあサラリーマンや一般企業はどうだったのだろう？　そんな疑問から、本書の企画がスタートしました。

　コンプライアンスなき世のブラックな企業倫理については、最終章の「産業スパイ大作戦」にまとめてありますが、これでもほんの上っ面にすぎません。戦後の高度成長期には、詐欺まがいのビジネスや違法な企業活動が横行していた事実を知れば、戦前の詐欺被害が現在の一〇倍あったとしても驚きません。

　といってもご心配なく。そんなブラックなネタばかりではありません。他の章では、もっと明るい笑える話や、サラリーマン生活の哀歓もたっぷりお届けしております。大正・昭和の社員・社長も「近頃の新人は仕事ができないくせにカネばかり欲しがりやがって」などと、いまのみなさんとおんなじ愚痴をこぼしてました。たまの出張ともなれば、もらった出張経費を節約しておこづかいにしようと、数々のセコい技を編み出しました。

　さて、余談が長くなりましたので、そろそろ本文に入っていただきましょう。私が史料を調べながら感じた驚きや共感を、読者のみなさんとわかちあえれば、うれしいです。

二〇二〇年一〇月

パオロ・マッツァリーノ

目次

第九章　宴会LOVERS　147

（注）

本文中、参考にした新聞記事の発行年月日を（　　）で示しました。日付のあとに「夕」とあれば夕刊を、記載がなければ朝刊を指します。また、特に記載がない場合は、基本的に東京版です。たとえば、（一九二六・二・一〇）は、一九二六年二月一〇日付東京版朝刊を意味します。

第一章　昭和の社長よ、いまいずこ

日本人は会社より社長が好き？

明治八年六月一九日付読売新聞より。富士川《ふじがわ》で渡し船が沈む事故がありました。乗員乗客のほとんどは助かりましたが、「運輸会社の社長秋火源兵衛はいまだに行方が知れぬという事であります」。

源兵衛さんの安否が気になるところですが、百数十年前の事故ですから、いまさらどうにもなりません。私はべつのところに注目しました。

商行為を目的とする団体の名称である〝会社〟も、それを取り仕切る〝社長〟という役職名も、世間のほとんどの人は明治時代になってから知った新語・流行語だったはず。なのに維新からまもない明治八年という段階で、経済とは無関係の事故を報じる新聞記事で〝社長〟という言葉がなんの注釈もなく、あたりまえのごとく使われてます。

同時期の紙面で〝会社〟という単語には「なかま」とルビがふってあります。つまり会社という言葉・概念が馴染《なじ》まないうちに、社長という人間の役職名のほうが先にすんなり受け入れられていたということです。

ああ日本の社長

「社長」といわれてイメージするタレントはだれですか？

もしもこのアンケートを取った場合、上位に来そうな人を予想してみます。最近だったらやはり『下町ロケット』の阿部寛《あべひろし》さんとかになるの……かな？　すいません、私あのドラマ観てないんで。そういえばちかごろ、社長が主役、もしくは主役級の映画・ドラマってあまりないような気がしませんか。

ちょっと前なら『釣りバカ日誌』のスーさんを演じた三國連太郎《みくにれんたろう》。あるいは『男はつらいよ』シリーズのタコ社長なんかもインパクトが強かったけど、あの役を演じてた太宰久《だざいひさ》雄《お》という役者の名前はなかなか出てこないかもしれません。

回答者の年齢や世代によっても、答は変わってくるでしょう。

たとえば四〇代の私なら、「宮尾《みやお》すすむ」と答えます。これ、ちょっとトリッキーな回答です。なぜなら宮尾すすむには、映画やドラマで社長役を演じてた俳優というイメージはまったくないからです。

でも四〇代以上のみなさんなら、納得していただけますよね。そう、宮尾すすむといえば、テレビ朝日『モーニングショー』で毎週水曜日に放送されてた人気コーナー、「宮尾すすむのああ日本の社長」でレポーターをつとめていたことで有名です。

詳しい資料がないのではっきりとはいえませんが、新聞縮刷版のテレビ欄では、一九八一年一月からはじまり八九年九月でいったん終了、九七年四月に復活し、九九年の五月くらいまで確認できます。最後のほうは不定期に放送されてたようで、『女性自身』一九九九年九月二八日号に掲載された宮尾のインタビュー記事によると、正式に終了したのは九九年八月だったとのこと。

ともあれ、裏番組でやっていた「突撃！隣の晩ごはん」と並ぶ、八〇・九〇年代を代表するワイドショー名物企画といえましょう。

宮尾が毎週、日本各地の社長を取材し、成功までの道のりを紹介するという立志伝企画なのですが、それだけでは人気も出なかっただろうし、あんなに長く続かなかったはずです。

平日の午前中という放送時間を考えると、本気で起業や立身出世を目指そうとするビジネスマンは見てるわけがないんです。視聴者の大半は、ヒマな（失礼）主婦や年寄りだったはず。つまり視聴者の興味は最初からビジネス的な成功譚《たん》にはなかったのです。

では視聴者はあの企画のどこにそんなに食いついたのか。宮尾は社長の会社での仕事ぶりを取材するだけでなく、毎回必ず社長の自宅豪邸を訪れ、その暮らしぶりをレポートします。重要なのは、そこなんです。成功した金持ちのプライベートをのぞき見したいという庶民のゲスな欲求を、宮尾が視聴者に成り代わってレポートしてくれていたことが、視聴者の興味を惹《ひ》きつけてやまなかったのです。

この企画は八四年に書籍化されてます。『新　あなたも社長になれる』というタイトルで著者は宮尾すすむとなってますが、おそらく宮尾が実際に書いたのは、タレントになる前、故郷の鹿児島で洋服店を経営する社長だったが力不足で倒産させてしまった思い出をつづったプロローグだけでしょう（宮尾自身も社長経験者だったんですね）。残りの本文は九九パーセントの確率で、専業のライターが書いたと思われます。ただ、各章の導入部だけは、テレビでおなじみだった宮尾の口調をうまく再現したものになってます。宮尾がしゃべったとおりではないにしても、雰囲気はつかめるのでご紹介しましょう。

乗ってるクルマもスゴイ！　千七百万円のポルシェと千五百万円のベンツ……この若さでこの財力、さすがのボクも〝ウーン〟とうなりました。
血のにじむような努力をしたから現在までになったんでしょうけど……〝苦労しました〟という顔をしてません。その辺が、また、エ・ラ・イ！

まさにこんな雰囲気。軽〜い言葉と低〜い腰で太鼓持ちに徹しているのですが、全然イヤミでもないし下品さも感じません。それこそが、宮尾の話術が一流だったことの証拠です。

宮尾が社長宅の冷蔵庫を勝手に開けて高そうなメロンを発見、そしてずうずうしくごちそうになる、ってのが毎回のお約束だったのですが、これは仕込みだったようですね。事前に番組スタッフから、冷蔵庫にメロンを入れておくよう頼まれていたと、当時出演した社長の息子さんがネットに裏話を書いてます。

社長シリーズ

七〇代以上のかたにとって、社長イメージの俳優といったらやはり森繁久彌《もりしげひさや》をおいて他にないのでは。

一九五〇・六〇年代に人気があった喜劇映画「社長シリーズ」で演じた社長役は、森繁久彌の当たり役でした。私もこのシリーズの大ファンですが、もちろん私の歳ではリアルタイムで観られるはずがありません。古い日本映画が好きな私は、DVDやBS放送で観てそのおもしろさを再発見したのです。

スピンオフ的な作品をカウントするかどうかで諸説あるのですが通常は、五六年の『へそくり社長』にはじまり、七一年まで四〇本あまり作られた東宝映画の作品群を「社長シリーズ」と呼びます。おそらくいちばん有名なのが『社長漫遊記』で、これは若い人でも、タイトルくらいは聞いたことがあるのでは。『漫遊記』を含む六一年から六七年くらいの作品がシリーズの黄金期です。

社長シリーズが釣りバカや寅《とら》さんと異なるのは、キャラが引き継がれず、一作ごとに設定がリセットされるところです。食品メーカーだったり化粧品メーカーだったりと舞台は異なりますが、森繁は社長、小林桂樹《こばやしけいじゅ》はくそまじめな秘書課長、三木《みき》のり平《へい》は宴会好きの営業部長という同じ役職を演じますし、性格・人格もほぼ一緒。

で、毎回ライバル企業との競争を勝ち抜くために社長らが地方に出張し、地元企業のキーマンであるフランキー堺《さかい》を接待し契約を取りつけて大成功。社長の森繁は毎回、出張にかこつけて浮気しようと画策しますが、こちらは必ず大失敗に終わる、というストーリーもほぼ一緒。

などと説明すると、なんじゃそのマンネリは、といわれそうですが、それいうなら寅さんだって、旅先で知り合ったマドンナに惚《ほ》れてふられる、って流れの繰り返しじゃないですか。コメディシリーズってそんなもんですわ。

驚くのは、一五年間で四〇本というその製作ペース。ただし社長シリーズは基本的に正編と続編の二本ワンセットで製作されてますから、実質的には約二〇作です。毎年正月に正編が封切られ、二月か三月に続編が公開されます。映画黄金期だったからこそ可能だったスケジュール。

いまでも前後編の映画はありますが、ストーリーが長くて二時間でおさまらないから二本にわけてる感じですよね。社長シリーズは喜劇なので九〇分くらいしかないし、基本的に正編だけでも話は完結してます。続編はどれも私には蛇足としか思えない内容なのですが、当時の映画館は二本立てで入れ替えなし、一日中いてもよかった気楽な娯楽です。だからあまり文句も出なかったのでしょう。とはいえ、とにかく数さえ作ればいいという観客をなめた映画会社の姿勢が、六〇年代以降の急激な映画離れ、観客激減を招いた一因だったことは否めません。

凡人社長の魅力

社長シリーズの魅力は、森繁演じる社長をカッコよく描かないところにあります。それなりに努力もしてるし会社を潰《つぶ》さない程度の器量もあるけれど、じゃあ抜きんでた経営の才があるのか？　ノー。キレもので非凡な発想力がある？　ノー。しょうもない思いつきで社員を振り回したりするし、仕事上の問題は戦略でなく人脈で解決する古いタイプ。妻や娘からは軽んじられてるし、バーのマダムや芸者と浮気することばかり考えてる。宴会好きの営業部長が「芸者呼んでパーッとやりましょう」というと、きみはいつもそればかりだと文句たれつつも、一緒になって玄人はだしの宴会芸を披露します。

要するに、凡人なんです。雲の上の人みたいな畏《おそ》れ多い起業家社長でなく、運良く下からはい上がれたサラリーマン社長。あんなヤツがなんでいい給料もらっていい家に住んで、お手伝いさんつきのいい暮らしをしてやがるんだ、みたいにやっかまれたり小馬鹿にされたりする反面、平社員の自分とたいして変わらないじゃないか、自分もあれくらいにはなれるんじゃないか、って親しみが持てるあたりが庶民から支持されたのではないかと。

喜劇映画なのでもちろんデフォルメされてます。しかしその分を差し引いたとしてもなお、凡人社長というキャラ設定は、まるっきり荒唐無稽《むけい》な話でもありません。社長シリーズが日本の戦後の社長イメージをうまく設定できたのは、原作小説のおかげなのです。

社長シリーズはオリジナル脚本であり、直接の原作は存在しません。ただし話の大枠を決めた先行作品があります。五二年公開の『三等重役』という映画。これがヒットしたことで、凡人社長を主役とした喜劇シリーズの製作が決まりました。

その映画の原作小説『三等重役』を書いたのが源氏《げんじ》鶏太《けいた》という作家。「という」と紹介しないといけないほど、いまや完全に忘れられた人ですが、直木賞作家でサラリーマン小説の第一人者。現在似たようなポジションにいるのが『半沢直樹』の原作者である池井戸《いけいど》潤《じゅん》さんですね。その何倍もの人気があった人、といっても過言ではありません。

一九八六年刊のキネマ旬報『映画40年全記録』によりますと、戦後、映画に原作を提供した本数が七八本と、源氏鶏太はダントツ一位です。

社長シリーズには源氏作品からのアイデアが随所に見られるのですが、なぜか『社長道中記』以外には原作クレジットがないのがずっと不思議でした。今回調べてみましたら、なんと六一年から源氏鶏太は東宝の役員に就任してたんです。これたぶん、実際の経営に参加してもらうためではありません。いちいち人気作家に原作使用許可を取るのは面倒だから報酬払って身内にしてしまえって発想ですか。むかしの会社って思い切ったことしますよね。

直木賞、ベストセラー、映画原作と、無敵の人気と名声を誇った作家でも、没後三〇年も経つと作品はほぼすべて絶版で世間からも忘れられてしまうという哀しい現実。おそらく一〇〇年後の日本人は、池井戸潤ってだれ？　となるんでしょうねえ。

三等重役だらけだった時代

そもそも三等重役とはなんなのか。これまた源氏鶏太の小説によって広まった流行語で、いまでは完全に死語になってますので説明しなければなりません。

尾崎盛光《おざきもりてる》の『日本就職史』によると、サラリーマン制度の黎明《れいめい》期だった大正時代には、いまのような部長課長係長みたいな全国共通の役職名がまだ定着していませんでした。一部の大手企業では社員を一等社員から四等社員までにランクわけしてました。つまり社員には本当に牛肉みたいな等級があったのです。

でもさすがに重役には等級なんてつけません。三等重役という造語の発案者は、源氏が専業作家になる前に勤めていた会社の重役だといわれてます。

源氏によると、一等重役は起業家・資本家のまぎれもない重役。二等はエリートコースを歩いてきて、なるべくしてなった本命の重役のこと。なお、ここでの重役には、社長も含まれてます。

日本は敗戦と同時にアメリカに占領されました。進駐軍（GHQ）は戦争に協力した政治家や財界人が公職に就くことを禁じました。これを公職追放、もしくはパージといいます。この措置によって日本中から大量の社長・重役が一挙に姿を消しました。しかし企業トップがいない状態で操業を続けることは困難です。そこで、突如として空いた社長の席に棚からぼた餅《もち》状態で座ることができたのが、本来なら到底社長になどなれずに定年を迎えていたであろう部長クラスの人物だったのです。一九五〇（昭和二五）年くらいまでは、日本中がそういうにわか社長だらけだったのです。そんな彼らを揶揄《やゆ》する呼び名が、三等重役です。

戦後の混乱期にピンチヒッターとして登場した凡人社長を主役に据えたのが小説・映画の『三等重役』であり、その凡人キャラはのちの社長シリーズにも引き継がれていきました。

にわかとはいえ、それなりに彼らも奮闘しました。四年五年と社長をやれば、板についてきただろうし、社員に威張りはじめていたことでしょう。

そんな彼らに悪夢が襲います。五一年ごろからＧＨＱは公職追放解除をはじめます。公職追放は永久追放ではなく、あくまで一時的な措置でした。だから解除されれば以前の社長や重役が復帰して、三等重役はもとの社員に降格されてしまいます。

小説の『三等重役』も冒頭は、追放解除によって前社長が復帰するとのウワサが流れ、主人公である三等重役の桑原《くわはら》が今後の自分の処遇に気を揉《も》む話からはじまります。ところが前社長は復帰直前に脳溢血《のういっけつ》で倒れてしまい、桑原が引き続き社長職にとどまれることになるのです。そこがまあ小説ならではの虚構です。現実にはそんな強運の持ち主はなかなかいません。部長から社長へ、そしてまた部長へと、戦後の五年間でジェットコースターのような悲哀を経験した人も数知れず。

ちなみに映画の『三等重役』では森繁は課長役でしたが、社長役を演じた河村黎吉《かわむられいきち》の急逝により、その後の社長シリーズでは森繁が社長役に出世したわけで、これこそなんだか小説の内容を地でいくような奇跡の展開です。

ディテールはどこまで事実だったのか

古い映画や小説は、ストーリーよりもディテールに注目したほうがおもしろいし、現代史の真実を知る手がかりにもなります。

映画は誇張も多いと思われますが、小説の『三等重役』は源氏自身のサラリーマン体験が反映されているので、けっこうディテールに真実味が感じられます。そこに描かれる昭和二〇年代の社長や社員の姿は非常に興味深い。

軽いところでいえば、人事課長が社長を「御苦労さまです」とねぎらうセリフがあります。いまでは目上に対して「御苦労さま」は失礼とされてますが、当時はそうではなかったことがわかります。

社長行きつけのバーのマダムが月三万円のお手当で旦那《だんな》を物色中、なんてエピソード。要するに月三万円くれれば愛人になってあげるわよって生々しい話です。それに食指を動かされた社長の桑原は、当市の名門一流企業の社長なら、それくらいのことは許されるだろうと考えます。むかしは出世した男にとっては愛人や妾《めかけ》がいるのがステータスとされていたのです。そういった性的倫理観はいつごろから変化したのでしょうか。

新入社員の人生観・仕事観が理解できない上司が、あいつらは「アプレ」だとレッテルを貼るのは、いわゆる近頃の若いもんは……って発想がむかしから変わらないことを示します。

そういったもろもろのディテールが、実際にはどうだったのか。むかしはよかったのか、悪かったのか、ホントのところはどうなのか。次章からはさまざまな切り口で検証していきます。

第二章　この愛、経費で落とせますか？

史実としての戦前の妾

毎年NHKの大河ドラマには、時代考証に関するクレームが多数寄せられるといいます。たとえば、「動き、表情のどれも軽々しく戦国時代とはミスマッチだ」。

よくいうよねえ、戦国時代のひとを見たことないくせに。

一方、戦前に実在した人物をモデルにした朝ドラには、ヒロインの夫に妾《めかけ》がいた事実は伏せて、仲むつまじい夫婦として描いてほしいという要望が。

かたや史実に忠実にといい、かたや史実を曲げろという。じゃあ戦国時代の男色や戦前のこどもの間引きなんかを忠実に描いたら？　視聴者どん引きまちがいなしです。そういうのに比べたら妾なんてかわいいもんじゃないですか。

NHKがドラマに妾を登場させないわけではありません。二〇一五年に放送された〝電力の鬼〟松永安左エ門《まつながやすざえもん》を主人公にした単発ドラマは冒頭、松永が妾宅《しょうたく》にいるシーンからはじまってました。

一〇年ほど前に松永について調べたので私は多少詳しいのですが、松永は女好きで有名でした。勲章を辞退するような硬骨漢でありながら、晩年まで女遊びはやめられなかった煩悩あふれる人だったのです。

私が好きなもうひとりの経済人、渋沢栄一《しぶさわえいいち》も例外ではありません。明治時代、日本経済の基礎をすべて作ってしまう大活躍と並行して、孤児院から近所の火事見舞いまで慈善事業にもやたら熱心。妾をいっぱい囲ってたのも、慈善事業の一環……？　かどうかはともかく、妾の子も多数養育してたはずです。奥さんがいるのに、自宅に妾を同居させていた時期もあったほど。朝ドラ向きのエピソードではありません。

渋沢の奥さんはのちに、『論語』に入れ込んでいた渋沢は都合のいい教典をみつけたものだと皮肉ってます。もしもキリスト教の聖書だったら女遊びは許されないからね、と。

ユーモアのセンスがあって素敵な奥さんですが、ちょっとカン違いされてます。孔子《こうし》も女遊びには批判的なんです。渋沢はその辺はごまかしてますけども。

賛否はべつとして、戦前までは、富と地位を手にした男が妾を囲うのはごく普通の習慣だったってことは史実として知っておいてください。ただし明治大正期にも進歩的な考えの女性たちはいて、妾という風習を批判してたんですけどね。

明治になってまもなく、政府もいったんは妾を公認したものの、明治一五年の刑法改正、三一年の民法改正によって再び日陰の存在に戻されます。

男たちのほうも、妾の存在をおおっぴらには自慢してません。そこまでやったら野暮ってもんです。世間の目をはばかりながら妾宅に通うのがマナーです。そして周囲の人々も、見て見ぬフリをするのが粋なお約束。

そのお約束を最初に破ったのが、作家の黒岩涙香《くろいわるいこう》でした。明治三一年、自身が社主をつとめる新聞『萬朝報《よろず》』で、有名人がどこに何人妾を囲っているかを調査公表する連載をはじめたのです。

紙上で妾の存在を暴露されたのは総勢五〇〇人以上。有名な社長、文人、政治家が名を連ねてます。とはいえ、現代人のわれわれにとっては、誰それ？　って人ばかり。裏を返せば、さほど有名でない人までも、妾を持っていたという証拠でもあります。
だからなのか、派手にスキャンダルをぶっちゃけたにもかかわらず世間の反応はいまひとつで、記者を動員して取材に奮闘した黒岩のほうが空回りしてしまった感も。

男の甲斐性にはカネがかかる

一夜限りの浮気とは異なり、妾や愛人は継続的に囲い続けなければなりません。先立つものはカネ。住む家を借りてやり、生活費もすべて渡すのです。本当の家族を養うのと変わらない費用がかかります。

お金持ちでないとできないからこそ、妾を持つことがある種のステータスとみなされて、「男の甲斐《かい》性」なんて言葉で正当化されてきたわけです。

戦前の社長が妾を何人も持てたりしたのは、やっぱりそれ相応の所得があったから。戦前はいまとは比べものにならないくらいの格差社会でした。大手銀行や一流企業の社長ともなると、庶民とはケタ外れの格差がありました。

昭和初期、平均的庶民サラリーマンの月給は一〇〇円が相場だったと、岩瀬彰《いわせあきら》さんが『「月給100円サラリーマン」の時代』で述べてます。いまの貨幣価値に換算するのに二〇〇〇倍説を採用すると、月給二〇万円といったところですか。これでは妾を持つなど夢のまた夢です。

では戦前の一流企業に勤めるエリートの待遇はどうだったのか。一九五四（昭和二九）年七月一五日号の『実業之日本』で某会社社長がかなり具体的な数字をあげてます。重役でない社員の最高月給は五〇〇円くらいだったとのこと。これだけでも庶民からしたらなかなかのもんですけど、戦前の一流企業は年に一万円もの破格のボーナスを支給することがありました。てことは年俸となると一万六〇〇〇円に跳ね上がります。

これが重役に出世すると年俸四万から六万円、さらに社長ともなれば、年俸一〇万から一五万円だったというから、いまなら年俸二億円以上です。しかも戦前は税金が安かったので手元に七割は残ったらしい。

これだけウハウハだったら、妾の二人や三人囲えちゃいますね。

戦後社長の待遇

戦後になっても社長たちの浮気心は変わりません。しかし社長をめぐる状況は一変してしまいました。

前章で触れたように、戦後の日本では、三等社長といわれるサラリーマン社長が主流になり、社長の待遇が戦前とは激変します。

貨幣価値がかなり変わったので単純比較はむずかしいけど、さきほどの記事の社長は、実感として一流企業の社長の給料は戦前の四分の一以下になったといってます。しかも戦後は極端な累進課税によって、高所得者は稼ぎの六割以上を税金で持って行かれるようになりました。

小説『三等重役』の桑原《くわはら》社長は、いきつけのバーのマダムが月三万円のお手当てでパトロン募集中とのウワサを耳にして、スケベ心がうずきます。地方都市とはいえ一流企業の社長たる自分には、それくらいのことは許されるだろうと考えるのです。

当時は大卒の初任給が一万円程度。総理大臣の月給でさえ六万〜八万円の時代です。バーのマダムがどんないい女なのか知らんけど、月三万円はかなり強気ですね。でもそれを払えると胸算用してるくらいだから、桑原社長は月にウン十万円はもらっていた設定なのでしょう。

戦後、住友生命の重役に抜擢《ばってき》された小松《こまつ》正鎚は『三等重役』を読み、社長の待遇がよすぎると感想を述べてます。自分ら若手の三等重役は、経費削減のために移動の列車も満員の三等車を利用したし、財力や貫禄《かんろく》を誇示するようなでっぷり太った重役イメージとも無縁だった、と。

戦後は愛人も経費で落とす

戦前はあたりまえすぎてスルーされていた社長の下半身スキャンダルも、戦後はマスコミのネタにされる機会が増えて、進退に影響するケースも出てきます。

とはいえ昭和はまだエロに寛容な時代でした。社長に愛人がいることが単独で報道されたことはほとんどありません。たいていは、倒産・脱税・粉飾決算などの事件が報道される際に、ついでに愛人関係まで暴露されていくパターンです。

たとえば一九六六年、詐欺容疑で手形金融業の社長が捕まった事件では、乱脈経営の実態を報じるだけでなく、女をとっかえひっかえして社員にまで手をつけた、大卒は詐称で本当は小学卒、過去に逮捕歴六回、昨年あげた何度目かの結婚式には田中角栄《たなかかくえい》、児玉誉士夫《こだまよしお》、森脇将光《もりわきまさみつ》など政財界の黒すぎる人脈が列席していたなど、プライベートが洗いざらい暴かれてます。

戦後は社長の収入が減ったせいもあるのか、妾宅を借りて妾を囲うような仰々しいやりかたは廃れ、お手当てで愛人契約を結ぶ方法が主流になります。愛人側もひとりのダンナだけから多額のお手当てを得るのはむずかしく、複数の男と愛人契約を結ぶようになったので株式方式などと揶揄《やゆ》されることも。

残念なのは、戦後の社長は器が小さくなったこと。戦前のように法外な給料がもらえないものだから、愛人のお手当てを会社の経費で落とそうとする輩《やから》が増えました。セコいでしょ。浮気を男の甲斐性などとイバれるのは自腹切るからであって、会社のカネを使ったら甲斐性でもなんでもない。それどころか横領です。犯罪ですよ。

この背景には、戦後の日本で企業の交際費が必要経費として大幅に認められるようになった事情が関係しています。昭和三〇年代から四〇年代にかけて企業の交際費はふくれあがり、国税庁の発表によると昭和三〇年には三〇〇〇億円だったのが、四五年には一兆円を超えました。

要するに戦後高度成長期は社長も社員も、会社のカネで飲みまくり遊びまくり抱きまくってたわけです。日本の交際費の一割は銀座《ぎんざ》に落ちるだとか、日本のホステス人口はいまや国家公務員に匹敵するだとか、なんの自慢なのかわからない伝説が生まれたのもこのころ。

　とはいえさすがに税務署や国税庁も、社長の愛人のお手当てまでは会社の経費とは認めるわけがない。バレたら当然、脱税なので、エロ社長たちはごまかしかたに知恵を絞ります。

　ミステリ小説や映画ではおなじみの交換殺人トリックを応用した社長もいました。自分の女房を殺したいと思ってる二人の男が結託し、互いに相手の女房を殺すことで、犯行時にアリバイを確保できるってヤツね。

　ある社長は取引先の社長と示し合わせ、互いに相手の愛人を会社の取締役にすることで、愛人に会社から給料を払うという交換愛人トリックを実践していました。結局この会社は倒産し、社長の悪行もバレましたけど。

愛人の大衆化

　一九五九（昭和三四）年に、妾をテーマにした『妾』（沢寿次《さわひさじ》著）という本が出ています。さまざまな妾トリビアが載っていますが、根拠となる文献が明示されてないので、資料的価値はいまひとつ。東京の大企業に勤める三五〜五〇歳の既婚管理職サラリーマン二一六人中、五一人が愛人と浮気しているなんて調査結果が載ってますが……どこまで信用したものか。

ともあれ、経済発展とともに愛人の大衆化が進んだのはまちがいないところです。

一九七〇年代くらいになると水商売のプロ女性だけでなく、シロウトがお金欲しさに愛人志願をするようになります。

一九七二年四月二七日号の『週刊平凡』では二一歳の女子大生が、「フィーリングさえ合って月に三〇万円もらえれば、ハゲでも金歯でも文句いわないわ」と身の程をわきまえぬ希望条件を出しています。当時、会社の受付嬢の月給が手取りで三万五〇〇〇円なんて時代ですから、三〇万などありえません。このバカ女子大生はいま六五歳のババアです。老後破産してればいいのに。

まあこうなってくると、社員も社長に負けてられません。会社の経費を使ってシロウト愛人を囲う術《すべ》を考えます。

「アパート代で愛人を囲う遠距離社員の〝生活の知恵〟」というノウハウが載ったのは一九七一年一一月四日号の『週刊アサヒ芸能』。

都内一流企業勤務の三〇代営業マンは、妻子のある身でありながら、取引先の受付嬢に家賃一万六〇〇〇円のアパートを借りてやり、愛人にしています。手取り七万円の彼にそんなことができるのは、麻雀の腕がプロ並みであることに加え、接待で深夜になると自宅のある茅ケ崎《ちがさき》までのタクシー代が会社から支給されるから。そんなとき彼は、妻にはホテルに泊まると連絡し、愛人のアパートに泊まります。月に二万五〇〇〇円ほどになるタクシー代はまるまる自分のふところに。

他にも『現代』七二年一一月号には「安くて楽しい〝お妾さん〟入手テキスト」なんて記事が堂々と載り、平社員の読者諸氏が愛人を持つために必要な基礎知識を伝授しています。同年一二月八日号の『週刊サンケイ』「現代メカケ考」は政治家が愛人を持つことに批判的な識者の意見を紹介しつつも、ツヤダネが人間的魅力に転化するほどの人物であることが男の甲斐性ではなかろうか、と締めくくり浮気を擁護します。

このあと、中ピ連というウーマンリブ団体が男の浮気や不倫を激しく糾弾して話題となったのもつかのま、あっというまに下火になってしまいます。

それどころか八〇年代になっても浮気の炎は鎮火せず。愛人への手当てを会社の経費から三年間で六〇〇〇万円払っていた社長や、愛人への手当てを捻出《ねんしゅつ》するために裏帳簿を作っていた社長が国税庁の調査であきらかになったなんて記事が新聞紙面を飾ります。

男は浮気のためとなると、創意工夫にとことん情熱を傾けられるのです。最近話題になったある有名人の例だと、愛人との海外旅行をカモフラージュするためにダミーの男性を連れて行くなんて独創的な技を編み出しましたけど、そこまでやったのにバレて散々な結果でしょ。努力は必ず報われる、ってわけじゃないんですね。

ここまで、社長と社員についてお話ししてきましたが、じつは国会議員も同じことをやってました。一九五一（昭和二六）年から議員の歳費と秘書の給与がほぼ倍に跳ね上がりました。するとその途端、愛人を秘書にする議員が続出、どう見ても秘書とは思えないケバい女が国会内をやたらとうろつくようになったと、新聞雑誌が報じています。

国会議員は国のカネで、社長と社員は会社のカネで、愛人とよろしくやってました。オールジャパンで浮気をしていたのが、昭和という時代だったんです。

第三章　秘密の秘書ちゃん

女秘書を手籠めにした老重役

秘書といえば愛人。そんな淫靡《いんび》なイメージがいつごろ広まったのかは、はっきりしません。戦前はまだ女性秘書という職種が一般的ではなかったので、おそらくは、女性の社会進出が一気に進んだ戦後のことと思われます。

ただ、戦前の日本でも、ごく少数ながらそれらしき例はあったようで。

大正一五年の読売新聞（一九二六・二・一〇）が報じた、女秘書を手籠《てご》めにし、生き恥さらす老重役という記事。

丸《まる》の内《うち》の大会社に勤める六〇歳の重役が、二二歳の秘書を手籠めにして愛人同然に時計や指輪を買い与えていたことがバレ、警察に呼び出されて大目玉を食ったという内容で、いまならテレビのワイドショーの守備範囲に属するネタです。でも戦前の新聞には、およそどうでもいい庶民のゴシップ記事が、けっこう載ってるんです。どっかのジジイとババアが駆け落ちした、とかね。そんな記事を好きこのんで読んでる私も私ですけども。

さて、その秘書を手籠めにした記事なんですが、よく読みますと、これが発覚したのは女性の母親が事情を知って警察に相談に行ったからなんです。女性秘書本人が被害を訴えたのではありません。

二二歳の大人の女性で、一流企業に勤めるくらいなら、それなりに世間ずれしてるでしょ。仮にきっかけは手籠めにされたことだったとしても、高価な装飾品をくれるおじさまとの割り切った関係を続けていたのではないかと。

それに戦前は、会社社長や重役が女を囲うのはあたりまえって風潮です。もしその重役が本当に彼女を気に入ったなら、秘書をやめさせて妾《めかけ》にすることもできたはずです。なのにそうしなかったということは、やっぱり両人とも合意の上で、ヒミツの関係を楽しんでいたんじゃないかな、なんてのは深読みのしすぎでしょうか。

愛人を秘書に偽装した国会議員たち

戦後、よのなかの風向きが変わります。おエラいさんとはいえ、おおっぴらに愛人の存在を誇示することがはばかられるようになりました。そこで、愛人を秘書だと偽装する手口が増えたのではないでしょうか。

いち早くそれを実践していたのが、こともあろうに国会議員だったって話を前章の最後にちょろっとしました。

これがなかなか強烈な内容で、スルーするのは惜しいので、会社というテーマからは脱線しますけど詳しくご紹介しておきます。

一九五一（昭和二六）年の一月から、国会議員の歳費と秘書の月給が倍近くに増額されることが決まると（ていうか議員が自分たちで決議したお手盛りだけど）、愛人を秘書にする議員が続出、どう見ても秘書とは思えないケバい化粧や派手な服装の女が、国会内をやたらとうろちょろするようになった、とマスコミが報じました。

読売新聞や『サンデー毎日』の記者は、代議士や事務局員に取材を重ね、議員たちの呆《あき》れた行状や手口をあきらかにしています。

娘として事務局に登録した秘書を伴い、出張旅行に出掛けた某議員。車中や旅館での二人の振る舞いに周囲の者は、「これが親子か」と唖然《あぜん》としたのだとか。

これを参考にしたか、はたまた民間の社長にも同様のことをやる人がいたのか、『三等重役』には、桑原《くわはら》社長が取引先の社長と一緒に九州出張旅行に出掛けるエピソードがあります。桑原は本当の秘書（男）を連れて駅で待っていると、相手の社長は秘書とは名ばかりの愛人を同伴して現れます。目的地で汽車を降りると、奥さんが飛行機で現地に先回りしていたもんだからあわてた社長、とっさに愛人を桑原の妻だと紹介したところから、口裏合わせのドタバタがはじまります。

小説だったら笑えますけど、現実の議員のドタバタはノンフィクションですからね。歳費アップに先駆けて、一九五〇年一一月には衆議院第二議員会館が完成、これによって議員はひとり一室ずつ事務所兼勉強室を持てるようになりました。

が、自由に使える個室が与えられたのをこれさいわいと、こちらにも愛人が盛んに出入りして、なんの勉強室なんだか。あまりの風紀の乱れっぷりに憤慨した議員からは、これじゃあ国費で怪しげな宿を作ったようなもんだ、と嘆く声すら上がります。

書類上では妻や娘を秘書として登録していても、実際に国会に出入りするのは愛人という例も多かったとか。当時、国会内に入るのに必要だった身分証は粗末な作りで、容易に写真だけをあとから別人のものと張り替えられました。愛人の写真に張り替えられた妻名義の身分証を使い、堂々と国会に出入りする愛人たち。いまでは考えられない、ゆるゆるふわふわのセキュリティ。

しかしここまでやりたい放題されると、マジメな議員たちがついに怒り心頭、有志の代議士が「議員と女秘書に関する粛正決議案」を衆院に提出する動きを見せるのです。

こんな前代未聞の議案が出されて議事録に残ったら、さすがに不名誉この上ない。各党の代表が協議の上、自粛をうながすことを約束して議案提出はなんとか見送られました。

秘書はもともと男性だった

いまでこそ企業で働く社長秘書といえば、もっぱら女性のイメージですが、もともと社長秘書はほとんどが男性でした。映画の「社長シリーズ」でも、社長秘書役は小林桂樹《こばやしけいじゅ》が演じてます。

男性の社長秘書は秘書課長の肩書きを与えられ、部下の秘書課員が事務仕事を担当するしくみが一般的でした。

なぜ社長秘書が女性だと都合が悪かったかというと、社長の接待や出張には、秘書がつねに同行することを求められていたからです。むかしは男社会ですから、接待の宴会の席ではきれいどころの芸者を呼びますし、下品な宴会芸が披露されることもありました。もっとストレートに、性的サービスを提供するお店での接待なんてのもあったでしょうから、女性秘書では勤まらないわけです。

出張となるとまたべつの問題が。いまみたいに日本全国どこでも飛行機で日帰りできる時代じゃありません。遠方への出張は長距離列車を利用した泊まりがけが普通です。そんな旅行に社長と女性秘書が同行となれば、仕事とはいえ、社長夫人は心おだやかでいられましょうか。

一九五六（昭和三一）年の『実業之日本』（四月一日号）には、「秘書課業のうらおもて」なる記事が載ってます。名前を聞けばだれもが知ってる一流企業に勤務する現役の男性秘書による座談会記事。

そもそも秘書というのは、「秘密の文書を扱う人」の意味ですから、仕事内容をべらべらしゃべってはいけません。当然、この座談でも会社の不利益になるようなことはしゃべってませんけど、それでも実際の具体的な秘書業務がどんなものだったのかが垣間見《かいまみ》える貴重な資料です。

彼らのような社長秘書のおもな仕事は、社長のスケジュール管理を担当するのはもちろんですが、「人と会うこと」に多くの時間を費やしていたようです。

一流企業の社長ともなると、面会を希望する者が毎日ひっきりなしに訪れます。全員と会うのは不可能だから、秘書が会って選別作業をします。

事業をやるので援助をお願いしたい、なんていってくるけど、実態はゆすりたかりみたいなゴロツキも多いんです。なかには記者を装って来るヤツもいます。電話で「ニッケイの○○」と名乗り取材を申し込んできたら、日本経済新聞の記者だと思いますよね。でも実際に会って名刺を見ると、まぎらわしい名前の全然ちがう新聞社だったりする。その手の有象無象は、総務部の専門担当者にまわします。そっちはそっちで大変そう。

社長が出す手紙と、新聞雑誌から社長に依頼された原稿を代筆するのも秘書の役目。大企業の社長が自分でコラムのような原稿を書くことはまずない、と断言しています。

座談会の司会者は、社長の出張旅行に随行するのは気疲れしてさぞかし大変じゃないかと話を振るのですが、意外なことに秘書たちは、かえってラクだというんです。たしかに最初は緊張するけど慣れれば普段の業務よりもラクだ。なにしろ出張旅行中は来客もないし、電話もかかってこないから解放された気分になれるのだ、と。

これは携帯電話がなかった時代ならではですね。携帯電話によって人類はこれまでにない便利さを手に入れましたが、それと引き替えに、自由を手放したことは、はたして賢い選択だったのでしょうか。

秘書の適性に関しても意外なことをいってます。一流企業の社長秘書といったら、経営者の懐刀、切れ者軍師と思われがちですが、みなさん謙遜《けんそん》でなく、それを否定します。

そういう切れ者は社長のそばに置くと、かえって寝首をかかれる危険があるのかもしれません。どちらかというと、野心のなさそうな、平凡な人間に白羽の矢が立つことが多いのだそうで。座談会出席者のみなさんも一様に、秘書を命ずる辞令を受け取ったときは動揺、困惑したといいます。宴会芸も苦手で、気のきいたお世辞もいえない自分には、社長秘書など向いてるはずがない、と。

ただひとつ、彼らは共通点を見出《みいだ》します。失敗や叱られたことを引きずらず、わりとすぐに忘れる能力を、みなさんお持ちのようです。

「考えると命が縮まりますね」

「クヨクヨしていたら勤まりませんね」

「覚えていたら長生きしませんよ」

どうやらこれが、もっとも秘書に必要とされる能力みたいです。

女性秘書ブームの立役者たち

このように、社長や重役付きの秘書は、もともと男性の仕事でした。一九五〇年代には、女性はようやく使いものになったころに結婚して辞めてしまうから社長秘書にはしない、という声まであったほど。

その職種にいつごろ女性が進出してきたのでしょうか。いろいろと資料を漁《あさ》っていくと、一九五〇年代後半に女性秘書の社会進出に関する記事やレポートが雑誌などにちらほら載りはじめ、一九五九年からかなり増えていることがわかりました。

もっとも影響力があったのは、アメリカです。アメリカではすでにだいぶ前から女性秘書が職業として世間に認知されてましたので、日本ではまず外資系企業が、英語に堪能な日本人女性社員を重役の秘書として使いはじめたのでした。

その仕事ぶりが紹介されるにつれ、若い女性のあいだであこがれの職業になっていきました。

東京お茶《ちゃ》の水《みず》地区で戦前から女性の英語教育・職業教育に力を入れていた東京ＹＷＣＡ（戦前は駿河台女学院）も女性秘書の増加に大きな役割を果たしました。戦後、駐留軍からの要請で女性秘書教育を受け持ったのをきっかけに、一九五一（昭和二六）年から秘書養成科を設けて、実践的な職業訓練教育をやっていた老舗《しにせ》です。

当初は毎年一五人くらいしかいなかった学生が、五四年からは九〇人、五九年には一五〇人にも増える盛況ぶり。『週刊東京』『週刊サンケイ』の記事によれば、定員の三～四倍の応募者が殺到するため、試験で入学者を選別していました。

なにせ就職率一〇〇パーセントを誇っていたのですから、その人気もわかります。いったん大学を出て就職したけれど、待遇や仕事内容が不満でくすぶってた人が、こちらで勉強し直してキャリアアップをはかる例もかなり多かったのです。

あと、複数の記事で若い女性たちが「テレビのスージーみたいになりたいわ」なんていってるのも気になります。

このスージーとやらが何者かというと、日本でもＫＲテレビ（現・ＴＢＳ）で一九五八年から放送されたアメリカ製コメディドラマ『女秘書スージー』のことらしいけど、資料がほとんどないのでよくわかりません。この番組を懐かしむファンの声がほぼ皆無ということは、たいした出来ではなかったのでしょう。

それでも、ブラウン管に映った女性秘書の姿にあこがれて、女性秘書養成校を受験するミーハー女子を急増させるのに一役買ったのですから、むかしからテレビの力はあなどれません。

さらにもうひとかた、社長秘書ではなく国会議員の秘書ですが、辻《つじ》トシ子《こ》さんの活躍にも無視できない影響力があったはず。

辻さんは、益谷秀次《ますたにしゅうじ》議員の秘書として活躍したかたで、一九五九年に益谷議員が副総理になると同時に、辻さんが初の女性秘書官になったことで一躍脚光を浴び、新聞雑誌にインタビュー記事がいくつも載りました。

当時、男女すべての国会議員秘書のなかでもっとも有能といわれてたほどの実力者で、五一年ごろに広まった「議員の秘書イコール愛人」という悪評を覆し、女性秘書の評価を高めた功労者といえるかもしれません。

BGとビジネスワイフ

五〇年代末ごろの雑誌記事では、女性秘書を「ビジネスワイフ」と紹介している例がかなり多いんです。同じころ、一般の女性事務職社員をビジネスガールの略称であるBGと呼ぶようになったので、そこからの連想だったのでしょう。

そりゃたしかに身のまわりの世話もするからワイフっぽいかもしれないけれど、本人たちが自分の職業を聞かれて、ビジネスワイフですなんて絶対いうわけがないんですから、あからさまな蔑称《べっしょう》ですよね。

当時のマスコミもまた男社会だったので、蔑称を使ってるという意識すら希薄な感じが伝わってきます。『婦人公論』（一九六〇年七月号）でさえ、防衛庁の空将付きの女性秘書が衣類の手入れや送り迎えなどをする仕事ぶりを紹介した記事で、「ビジネス・ワイフと云《い》う言葉の実感の来る内容である」なんて平然と書いてるくらいですから。

女性秘書たちへの取材記事では、彼女たちは口々に、女性秘書というだけで、周囲からヘンな色目で見られると不満を漏らします。実際の秘書の仕事は華々しいものではなく、地味な作業の連続なのに、玉の輿《こし》を狙ってるだとか、お高くとまってる女とか、そんな偏見ばかりが聞こえてくると。

新聞は朝日も読売も、記事見出しにビジネスワイフという言葉は一度も使ってません。ちなみにですが、ビジネスガールという言葉も新聞の記事見出しにはありません。一九五八年ごろから六〇年代にかけてやたらと使われたのは、BGという略称だけです。

ところがBGが英語では売春婦を連想させるという説（これにはちょっと誤解があるのですが）が取りざたされたことで、六三年ごろから、BGの使用をやめるマスコミが増えました。そして六四年ごろから新語の「OL」がじょじょに浸透していき、六〇年代末には、ほぼOLで統一されました。

さて、秘書学校などでの勉強や訓練を経て、ようやく念願の秘書の道へと行きたいところですが、元社員などの内部証言によると、企業によっては秘書の採用や社内からの異動に関して、かなりキビシい——というより奇妙な条件を設けている例もありました。

たとえば、某電気メーカーでは、会社内に知人友人がいないこと、を秘書の第一条件にあげていたのだとか。

まあ、開発中の新製品の情報が外部に漏れたらえらいことですから、秘密を握る社長や重役に近いところにいる秘書がスパイにならぬよう警戒するのはわかります。でも社員食堂も使わせない、社内に友人ができた場合は退社してもらうなんて縛りまであるようだと、会社で働くのが全然楽しくなさそうです。

またべつの企業では、家族に税務署員・裁判官・警察関係者がいないこと、なんて条件があったそうですが、これはもはや、その会社がほぼ確実に違法なことをやってるって証拠ですよね。

第四章　夢か悪夢かマイホーム——戦前編

社長と豪邸

歌詞検索サイトで「しあわせですか」「幸せですか」が歌詞に含まれる曲を検索したら、一〇〇曲以上もありました。さだまさしさんから、ミスチルの桜井《さくらい》さん、ぱいぱいでか美《み》さんまで、さまざまなシンガーが、あんたはしあわせなのかと歌いかけてきます。

一九八〇年代後半、明石家《あかしや》さんまさんはCMで「しあわせってなんだっけ」と問いかけました。そこで示されていた正解は、「ポン酢しょうゆのある家《うち》さ」。

この答えには、重要な社会学的真実が含まれています。「ポン酢しょうゆのある家」がしあわせの解であるためには、ポン酢しょうゆよりも先に「住む家」を確保できていることが、暗黙の前提条件になるのです。

お金持ちにとって、住む家を確保するのは特段むずかしいことではありません。戦前には東京市内にデカい屋敷を建てて暮らしている社長、実業家がわんさかいました。一九一六（大正五）年八月一五日号の『実業之日本』には、「華族実業家邸宅地比較番付」が掲載されてます。日本人は江戸時代から、なんでもかんでも相撲の番付に見立ててました。ランキングをこよなく愛する国民性はむかしから受け継がれてきたものです。

この番付では東京市内と近郊にある豪邸の坪数で格付けをしています。東方が華族、西方が実業家とわけられてまして、西方の横綱は銀行家の原六郎《はらろくろう》。なんと一万七七〇〇坪のお屋敷にお住まいだとか。番付下位の前頭でも四〇〇坪です。なにしろ戦前は、一流企業の重役クラスなら年収くらいの額でかなりの邸宅を購入できたそうですから。

お金持ちが大都市にこれ見よがしな広い豪邸を持つのは日本、とりわけ東京だけの珍しい習慣だといわれます。この数年後、東京の労働者が住宅不足に悩まされるようになると、富豪がやり玉にあげられます。西洋のように富豪は郊外に住んで、都会には労働者の住宅を建てるべきだ、と。

第二章で取りあげた匿名社長のコラムでは、戦後は社長の待遇がかなり低下したことが語られてました。そのなかで社長の住宅事情にも触れてます。戦後は給料が大幅に減ったので、社長や重役も自前で家を建てず、会社名義で建てた役員社宅に住む例が増えたとのこと。社宅といっても社員のものとは格が違う立派な家であることはまちがいないのですが、在職中はその家に格安の家賃で住み続け、退職時になんらかの方法で自分のものにするらしい。

なんらかの方法ってなんだ、と問いただしたいところですが具体的な説明はありません。現在は税務署がうるさいから、社長といえど、あまりに安い家賃で豪華な社宅に住むのはむずかしいはずです。でもお金持ちと政治家はいろんな魔法を知ってますからね、実態はどうなんだか。

絶望への安全弁

住宅問題でわりを食うのは、いつの時代も庶民です。

「現代住宅双六《すごろく》　人生泣き笑い」と題されたイラストが掲載されたのは、一九七三（昭和四八）年一月三日付の朝日新聞。これ、日本の戦後住宅史に関する本ではかなり頻繁に引用されているので、見たことがあるかたも多いかもしれません。

当時の庶民が抱いていた住宅観をすごろくに見立て、久谷政樹《ひさたにまさき》さんが木版画調のタッチで描いてます。ふりだしでこの世に生を受け、成長するに従って下宿や木造アパート、社宅などを経て、庭つき郊外一戸建てが「あがり」となってます。ローンを組んで郊外の一戸建てマイホームを手に入れ、家族で住むことこそが、当時のサラリーマンが夢見ていたしあわせなゴールだったわけです。

しかしさかのぼること三年前の一九七〇年、サラリーマンがマイホームや家族に生きがいを求めるようになった風潮を分析し、しあわせな夢に冷水をぶっかけた人がいます。社会学者の見田宗介《みたむねすけ》さんです。見田氏いわく、人がすべての希望を失っても絶望しないでいることを可能にする場所として、家庭が絶望への安全弁になっているのだ。

社会学者は往々にして、人々を不快にさせる真実を突きつけるものなんです。それをいっちゃあ、おしまいよぉ的なことを、あえて指摘するのが社会学者の正しいありかたです。社会学者は嫌われてナンボの職業。甘いウソで感動をふりまく流行作家とはちがいます。

世間ではこんな極論もささやかれました。戦後、政府が持ち家政策を推進したのは、庶民に高い目標を持たせ、無理して働くよう仕向けることで、保守的な人間が増えて、政治批判や革命を防ぐのを期待したからだ――なんだか陰謀論めいているけど、まるっきり荒唐無稽《むけい》な話とも片づけられません。長期ローンを払い終えるまでは会社をクビになるわけにいかないから会社に逆らいづらくなるだろうし、会社が倒産するのも避けたいから、たとえ会社の不正を知ったとしても、家族のためだと自分を欺き、見て見ぬフリをすることでしょう。

アメリカ映画『サンキュー・スモーキング』の主人公は、タバコ業界に雇われて、タバコが無害であるとアピールする活動をしています。劇中で彼は「ひとは住宅ローンのためなら、なんだってやるんだよ！」とうそぶきます。企業が不正に手を染めて、さらにそれを隠蔽《いんぺい》しようとする傾向がなかなかなくならないことの裏には、住宅ローンの存在があるのかもしれません。

関東大震災から早期復旧できた理由

さて、今回私が「しあわせですか」なんて問いかけから話をはじめたのは、サラリーマンがなんの疑問もなく長期ローンを組んでマイホームを買うようになったいまの社会が、本当にしあわせなのかを再考していただきたいからなのです。

近年、大規模な地震や水害などが起きるたびに、壊れた住宅の再建をどうするかが問題になってるのはご存じのとおり。日本で暮らすかぎり、全国どこにいても地震のリスクからは逃れられないし、異常な豪雨や竜巻による被害が増えていることも無視できません。

家を建て直すなんてことになったら、壊れてなくなった元の家のローン残金も払いつつ、また新たに三五年ローンを組むことになります。絶望への安全弁であるはずのマイホームが壊れてしまったら、絶望するしかありません。東日本大震災から五年たってもなかなか復興が進まない、なんて報道がありましたけど、個人がそう易々《やすやす》とリスクを背負えるものではありません。

ところで昭和四年に東京市が調査した「借地、借家争議に関する調査」の序文には、こんな記述があります。震災後六年たち、復興がすすみ、はなはだしい住宅難から住宅過剰の時代に入った。

ここでいう震災とはもちろん、関東大震災のこと。未曾有《みぞう》の大災害から驚くほどの短期間で復興を成し遂げられたことには、どんな秘訣《ひけつ》があったのでしょうか。「むかしはよかった」病患者なら、過去の日本人は努力と根性を美徳としていたからだ、などとたわごとを口走りかねませんけど、無視しましょう。

関東大震災から短期間で復旧できた理由はいくつか考えられますが、もっとも大きな要因は、戦前の都市部では八割以上の人が借家住まいだったたってことでしょう。要するに復旧の責任を負ったのは、少数の家主・地主という資金力のある人たちだったんです。

自分が住む持ち家は個人の財産なので、基本的に自己資金・自己責任で建て直さねばなりません。でも貸すための家を建て直すのなら、それは投資です。

一説には、戦前の東京では地主が一万人くらいしかいなかったらしい。だから、震災後に役所が区画整理をするにしても、地権者が少ないぶん、話をまとめるのが早かったんです。

戦前は地主と家主の棲《す》み分けがはっきりしてました。大金持ちは地主として土地を貸し、小金持ちは家を建てて家主となって家を貸す。

建物は時とともに必ず劣化していくので、家を建てて貸すと、あとあとメンテナンスが必要になってめんどくさいんです。大金持ちはそれを嫌って貸家稼業に手を出しませんでした。会社や役所を退職し、まとまった額の退職金を手にしたような小金持ちが、土地を借りて借家経営をするというのが、ありがちだったパターン。

一生借家住まいが普通だった戦前の都会人は不幸だったのでしょうか。そんなことはありません。まあぶっちゃけ、ほぼあきらめの気持ちが強かったはずです。超格差社会だった戦前日本の東京で、自分の家を持てるなんてのは、一握りのお大尽だけだとわかってましたから。

戦前住宅のクオリティ

もしもあなたが借家と聞いて狭い安アパートを連想してるなら、そのイメージはあらためてください。安い木賃アパート（木造賃貸アパートの意味）が主流になったのは戦後です。戦前は東京でも一戸建ての貸家がたくさんありました。

一戸建てといっても、そのクオリティには期待しないでください。欠陥住宅が社会問題になり出したのは一九七〇年代のことですが、じゃあそれ以前の家には欠陥はなかったのかというと、そんなことはありません。

現在の建築基準をあてはめれば、むかしの木造住宅はほとんどが欠陥住宅みたいなものです。壁にも屋根にも断熱材なんて入ってないから、夏は酷暑で冬は極寒。すきま風がピューピュー入ってくるけど、室内で炭を燃やして暖をとるためには、そうでなきゃいけません。いまのような気密性の高い家のなかで炭を燃やしたら、一家心中です。

昭和三〇年代でさえ、新築建て売り住宅の写真を見ると、えっ……と絶句するようなお粗末な家がたくさんありますよ。現代人ならごめん被りたくなる家を手に入れて、一国一城の主だと喜べた時代はしあわせでした。しあわせに必要なのはカン違いなんですね。

日本人がじょじょに豊かになり目が肥えて、住宅に求めるクオリティも上がりだした七〇年代になってようやく、雨漏りやすきま風のある家なんてイヤだ！　とみんなが声を上げはじめたということです。

一般市民が住宅に要求するクオリティが低かったことも、関東大震災からの復旧が早かった原因のひとつです。現代人にとって、仮設住宅はきちんとした家に戻るまでの仮住まいですが、もしも大正時代の人が見たら、夢のような物件に思えたはず。

関東大震災のあと、借地関連の調停申し立てが年間五〇〇〇件以上起きてます。これはなにかというと、震災で家が倒壊した跡地に、地主の許可を得ずに勝手に掘っ立て小屋を建てて住みはじめちゃう人がたくさんいたんです。とりあえず雨露がしのげればいいよ、他に行くとこないんだから、いいじゃん、くらいの軽いノリで復旧が進んだのです。

イヤな予言をさせてもらうと、今後、震災からの復興・復旧はますます長期化します。

日本人が求める住宅のクオリティが上がり続けてますし、これまでより高い耐震性能が求められるとなれば、復旧に要する建築費もかさみます。持ち家を個人の財力で再建することのハードルは、高くなる一方でしょう。

貸間あり〼

クオリティはともかく、戦前の昭和なら東京市内でも、毎月三〇円くらい出せば、家族で一戸建ての借家に住めたのは事実です。住宅事情のみにかぎれば、戦前のほうがずっとしあわせだったとは考えられませんか。

だけど一般労働者の月給相場が一〇〇円の時代でしょ、三〇円の家賃を払うのは、ちょっと家計が苦しいんじゃないかしら？

ご心配なく。信頼と実績のパオロ不動産におまかせください。好きな言葉は〝情熱〟です。

じつは、「間貸し」という技があるんです。昭和四〇年代くらいまでは、「貸間あり〼」（〼は「ます」と読む）と書かれた札が玄関先に出てたようですが、現在では死語に近いから説明しましょう。一戸建ての家に住んでる人が、空いてる部屋を他人に貸して住まわせて、間代（家賃）をもらうしくみです。シェアハウスの元祖みたいなものだとお考えください。

戦前の東京市は——とあたりまえのように書いてきましたけど、これも説明しといたほうが親切かな？　戦前は東京都でなく東京府で、現在の東京二三区は東京市という行政単位でくくられてました。区の境界と名前も現在とはかなり異なります。とりあえずはその程度の知識があればけっこうです。

で、その東京市は戦前、住宅に関するいろんな調査を熱心にやってたようで、報告書がたくさん残ってます。

戦前の東京では八割が借家住まいだったという定説の根拠とされているのも、昭和五年に実施された「東京市住宅調査」です。住宅の全数調査をやるとエラい手間がかかるので、市内の小学校で調査票を配り、親に記入させて回収するという珍しい抽出調査をしています。回収がラクだからって目論見《もくろみ》でしょう。それでも回収率は六割程度だったようですが。

こどもを小学校に通わせている家庭で七割強が借家住まい。こどもを小学校にも通わせてないド貧乏な家庭が持ち家に住んでる可能性は低いから、全体では借家住まいが八割を超えるであろうという見立てです。

間貸しの実態がうかがえるのは、昭和五年に調査した「東京市内同居世帯に関する調査」。市内で間貸しをして間借り人と一つ屋根の下に住んでる世帯が五万五〇〇〇以上あって、その八割がたは借家なんです。要は、家を借りた人が部屋を又貸ししてたってことですね。いまはたぶんたいていの賃貸契約では、借りてる部屋を又貸しすることを禁じてると思います。だけどむかしは認められてた——か、黙認されてたのでしょう。

その間代ですが、調査によると家賃の四割から六割とっていた例が多いんです。けっこう高いよねえ。でも間借り人からは敷金などは取らないことが多かったらしいし、どこの馬の骨ともわからん人間を同居させるリスクを加味すれば、妥当な線ですか。

ともあれ、貧乏な独り者は安く部屋を借りられるし、貸す側も家賃負担が半額になるなら、ウィンウィンの関係ってことですね。

プライバシー？　そんな概念は戦前には存在しません。戦前は、間借り人やら女中やら書生やら、家に他人がいることを、みんな普通だと思ってました。それでもしあわせだったんです。

住宅難が慢性化するまで

東京ではじめて住宅難が深刻化したのは、一九一八（大正七）年ごろからでした。第一次大戦による好景気で、東京の工場が労働者を大量に必要としたために、東京へ一気に人が流入したのです。

東京市の統計係長は一九一九年七月の雑誌『廓清』で都市住宅問題を論じ、東京市の人口は二〇年で倍の二四〇万人になったが、土地の面積はむかしのまま増えない、木の上や屋根の上に寝ることはできないから住宅不足になるのは当然だと説明してます。いまは高層建築によって、人は空中に寝られるようになったわけですが、それが実現するのはまだまだ先の話。

統計係長は、以前の東京には住宅問題などなかったといいます。日本橋《にほんばし》生まれの彼は、自分がこどものころはどこにも貸家・売家の札が貼られてたし、日本橋にも空き地があって、木登りやバッタ取りをしていたものだ、と過去を懐かしみます。

これはたしかに一面から見た事実です。でも角度を変えると、ちがう事実が見えてきます。『住空間の経済史』で小野浩《おのひろし》さんは、住宅事情は地域差が激しかったことを指摘しています。日本橋のような家賃の高い地域では空き物件が豊富にあったのですが、低所得者が多く住む一帯の裏長屋では、つねに空き家はほとんどないのが実態だったのです。ちなみに、『住空間の経済史』は、近年出版された戦前住宅史の研究書ではベストなのでおすすめしておきます。

一九二〇年代初頭には、住宅難が解消されないことに業を煮やした人々が、借家人運動と呼ばれる組織的な抵抗活動をはじめます。デモをやったり、団体で大家と交渉したりと、強気で積極的な行動は家主たちをビビらせるのにじゅうぶんでした。ただし、彼らの活動が本格化したのは昭和になってからです。

一九二二年ごろには、以前よりだいぶ家賃が上がったとはいえ、ほうぼうで空き家が目立ってきたと新聞が明るい兆しを報じますが、それは借家人運動のおかげではなく景気が減速したせいでしょう。

ところが、翌一九二三年の震災のせいでまた住宅難に逆戻り。復興して落ち着いてきたところで昭和恐慌、どん底に落ちたと思ったら昭和一二（一九三七）年、支那事変（日中戦争）をきっかけとした戦時景気でまた東京に労働者が押し寄せて極端な住宅不足が再燃と、庶民は翻弄《ほんろう》されっぱなしです。

東京市都市計画課が昭和一四年に発行した報告書、「工場労務者の住宅難問題と一団地の住宅経営」では、人口の急増に比べて住宅がほとんど増えてない事態を問題視しています。

「云《い》ふ勿《なか》れ、事変終了後は殷賑《いんしん》産業は没落し之《これ》に伴ひ本市集中人口は再び農村に還元すると」

役所の報告書らしからぬ、芝居がかったいい回しに笑ってしまいました。これを書いた役人は、元文学青年か講談マニアだったのかなあ、なんてのは私の勝手な妄想ですが、この当時、支那事変はすぐに終結すると信じるのんきな人も多かったんです。それを踏まえての主張です。いわないでくれ！　事変が終われば不景気になって労働者は田舎に帰り、住宅問題は自然に解決するさ、などと。今日住むところがない人たちにとっては、住宅難は切実な問題なのだから！

残念ながら、このとき日本政府は非常にマズい一手を打ってしまいます。戦時下の物価安定を狙い、家賃の値上げを禁じる家賃統制を発令してしまうのです。これは一見、貧乏人のしあわせにつながりそうですが、経済学者に聞けばおそらく全員が、最悪の手段だというはずです。実際このとき、家賃を値上げできないことで賃貸住宅の経営が成り立たなくなり、新たに貸家を建てる人がほとんどいなくなった結果、住宅難が慢性化する悪循環へと突入してしまいました。

家賃統制は戦後も続けられたので、ヤミ家賃やヤミ権利金を要求される例が増えるなど、庶民を一層苦しめることになるのです。しあわせのスイートホームは遠ざかるばかり。と駆け足で説明してきたところで、戦後編に続く。

第五章　夢か悪夢かマイホーム――戦後編

古くて新しい問題

岩瀬彰《いわせあきら》さんが『「月給100円サラリーマン」の時代』で、「古くて新しい問題」としているように、「賃貸か持ち家か」はサラリーマンにとって永遠のテーマです。なにしろ一九一六（大正五）年一〇月一五日号の『実業之日本』で、その特集記事が組まれていたくらいですから。

その記事では金融・不動産など四人の専門家が持論を述べているのですが、三人が持ち家を勧めてます。賃貸派はひとりだけ。

この時代、すでに彼らの主張のなかに、現在いわれてるのとほぼ同じ論点が見られるところが興味深い。ある専門家は、持ち家は自分の城である、自己の居城を築くことが社会的信用を増し、立身出世につながるとする、「一国一城の主」論をすでに唱えてます。

またべつの専門家は、毎月家賃を何十年も払ったところで単に雨露をしのぐ代価でしかなく、一物も身に残るわけでない、と世間でよくいわれる説の真偽を検討しています。現在でも住宅販売業者はこの理屈を口にしますよね。家賃を払うのはドブにカネを捨てるようなものだ、ローンの支払いならいずれ自分の資産になる、と。同様の議論はすでに一〇〇年前からあったわけで、なるほどたしかに、古くて新しい問題です。

ただし同誌の一九三六年、三九年の記事では風向きが少し変わってます。損得だけで考えたら賃貸暮らしのほうがトクと認めるものの、自尊心を満足させるという意味では家を建てるのも効果的だとしています。

理想は庭でバーベキュー？

時代は飛んで一九七〇（昭和四五）年。七月一五日付朝日新聞東京版に掲載された、鎌《か》倉《ま》逗《くらず》子《し》の建売住宅の全面広告。四か月前に三〇〇戸を完売した勢いに乗り、さらに二五〇戸の追加販売が開始されることを高らかに告知しています。

「さあ、こんどはあなたの番です」

「空と森と海に囲まれた――この快適生活」

そのキャッチコピーをイメージしたイラストに描かれるのは、庭でバーベキューをしている妻と娘。ふたりが屈託のない笑顔を向ける先には、ビールグラスを片手に庭先のチェアでくつろぐ夫の姿が。

一戸建てなら庭でバーベキューを満喫できるというのをウリにした住宅広告が、すでにこのころ存在していたことに軽く驚きました。

これが理想の快適生活――なのですか？　私にはアウトドアでものを食べる習慣も欲求もないので魅力を理解できませんけど、日本人ってそんなにバーベキュー好きでしたっけ。空と森と海に囲まれた庭で、砂とホコリと虫が混入した焼肉をくらうのがしあわせというなら、あえて否定はしませんけども、私は誘わないでください。

バーベキューの是非はともかく、一九六六年の金融緩和で、銀行などの金融機関が一般市民向け住宅ローン市場に参入したことにより、サラリーマンのマイホーム購入の夢が急激に現実味を帯びるようになった、そんな時代の新聞広告です。

しかし、多くの中流日本人が高度成長の永続性を信じ、マイホームの夢にときめいていたこの時期すでに、頭上に暗い影が覆いはじめていたのでした。

住宅ローンに壊された私の家庭

『婦人公論』といえば、読者や有名人による生々しい手記が、いまもむかしも変わらぬ名物です。そのなかから、一九七七年九月号に掲載された三六歳男性会社員の手記「住宅ローンに壊された私の家庭」をご紹介しましょう。

この手記、まさかプロが書いた……？　と勘ぐってしまうくらいに巧みな筆運びなので原文で味わっていただきたいところですが、かなりの長文のため、今回は私が再構成したダイジェストでご勘弁ください。

私鉄で都心へ一時間のところにマイホームを購入しました。年収三〇〇万の身で一〇〇〇万のローン返済はやはりキビシく、妻が働きに出ることになりました。

妻が見つけてきた仕事は、キャバレーのレジ係でした。レジ係なら、と認めたものの、だんだんと化粧が濃くなり、帰宅も深夜になることが増えたので問い詰めると、ホステスになったというではありませんか。

同じ時間働いて、レジ係は一〇万円。ホステスなら最低二〇万。腕次第で五〇万稼ぐことも可能だと力説する妻。私は、すぐにやめろといいました。すると妻は「それではあなた、生活費を最低もう一〇万稼いできてちょうだい」。返す言葉がありませんでした。

数か月後、客としてこっそり店を訪れ様子をうかがったのですが、妻の姿はありません。ホステスにたずねると、二号館のほうかもね、というので行ってみると、二号館はピンサロでした。ネグリジェみたいなドレスを着て男にしなを作る妻を目にした私は、思わず妻を殴りつけてしまったのです。ボーイに取り押さえられた私は、店の外に放り出されました。

それからしばらくたったある日のこと。いつもより早めに帰宅すると、荷物をまとめて出ていこうとする妻とはち合わせしました。こどものことを考えろ！　と怒鳴ってもふてくされて鼻歌を歌うばかり。頭に血がのぼった私は、妻に殴る蹴《け》るの暴行を加えてしまいました。騒ぎを聞きつけた近所の人が止めに入り、妻は病院へ。肋骨《ろっこつ》を折る大ケガを負わせてしまいました。

その後離婚が成立し、二人のこどもは妻が引き取って行きました。

ひとり残された私は、家を売って郷里に帰ることも考えました。しかしすでに中古となってしまった家に価値はなく、売り払っても一〇〇〇万のローンを完済できないのです。

（エンディングテーマ：ゴールデンボンバー「水商売をやめてくれないか」）


なぜですか。いったい、どうして、こんなことになってしまったのでしょう。

このかただけが例外なのではありません。週刊誌・月刊誌の住宅関連記事を年代順に並べると、六〇年代と七〇年代で明らかな変化がうかがえます。六〇年代までは、「20万円でスイートホームを建てる方法」「私はこうして住宅資金をつくった」など、キビシいながらも前向きに、持ち家取得の夢を具体化するヒントを指南する記事が主流でした。

しかし一九七二（昭和四七）年ごろから、夢は悪夢に転じます。「自殺・蒸発・家庭不和！　ローン返済で惨劇が激発している（『週刊現代』一九七二・八・一〇）」「住宅ローン大型時代　そんなに借金して大丈夫か（『週刊サンケイ』一九七二・九・一）」といった負のオーラ全開の記事ばかりが目立つようになりました。『週刊サンケイ』の記事では、三〇代サラリーマンが甘い見通しで一〇〇〇万円のローンを借りる例が増えたことに警鐘を鳴らしますが、その末路がまさに、『婦人公論』の手記の男性です。

マイホームを購入すれば理想の快適生活を手にできるはずだったのに！　庭でバーベキューを楽しめば、家族の絆《きずな》が深まるはずだったのに！　マイホームこそが、しあわせを約束する住宅双六《すごろく》のゴールだと思っていたのに、約束がちがうじゃないかぁぁ……！

ここでいったん時計の針を戻しまして、戦後からここに到るまでの経緯を振り返ってみましょう。

木賃アパートが主流だったころ

大正時代にはじめて社会問題として浮上した庶民の住宅難は、都市部の工業化と労働者流入が続くなかで、次第に慢性化していきました。よかれと思ってはじめた昭和一四年の家賃統制令は、経済学のセオリーどおり裏目に出、逆に住宅難に拍車をかける結果を招きます（ちなみに一般的な経済学では、家賃は市場原理にまかせておき、低所得者には国や自治体が家賃補助を行うのがよいとされます）。

終戦とともにいったんは消滅した地代家賃統制令でしたが、昭和二一年、ポツダム勅令によって復活してしまいます。ところが世間ではこれは守られず、ヤミ家賃やヤミ権利金をなかば公然と要求される風潮が蔓延《まんえん》する状態に。

戦前のような一戸建ての貸家は減り、戦後の都市部では木賃アパートと呼ばれる劣悪な品質の集合住宅が主流になったことも、不満を募らせる一因となります。

東京では、増え続けた木賃アパートが一九七〇年ごろになると「木賃アパートベルト」を形成していたと指摘するのが、一九七一年の東京都『東京の住宅問題』。北区《きた》・荒川区《あらかわ》から南西方向へのびたベルトは巣鴨《すがも》を経由し、中野《なかの》あたりで南東へ向きを変えて品川《しながわ》・蒲田《かまた》まで南下します。この一帯では、木賃アパートが全世帯の三〇パーセント以上を占めていたのです。

なかでも巣鴨と水上は五〇パーセントを上回ってました。へえ、巣鴨がねえ。いまや巣鴨の家賃相場は池袋《いけぶくろ》や目白《めじろ》と大差ないけど、むかしは貧乏人の町だったんですねえ。そういえば、七六年のＮＨＫドラマ『男たちの旅路』で鶴田浩二《つるたこうじ》が演じた警備会社の教官は、巣鴨新田《しんでん》の安アパートに住んでる設定でした。

水上というのは、どうやら芝浦《しばうら》あたりの埋め立て地を指すらしい。いまは再開発されて面影がありませんけど、以前は港湾労働者が住み、激安の居酒屋が点在するような、知る人ぞ知るディープスポットだったらしいです。

こうした木賃アパートベルトを「巨大なスラム」と表現してるのはさすがに侮蔑《ぶべつ》的じゃ

ないかと思いますけど、そこから抜け出したい人が多かったのも事実です。とりわけ家族持ちには切実でした。

しかし、激しいインフレと地価高騰が常態となった戦後日本では、土地を持たぬ庶民が都心に一戸建てを購入するのは加速度的に不可能になっていったのです。

昭和二〇年代には、まだ無理をすれば都内に家を建てられたようです。一九五〇（昭和二五）年の『アサヒグラフ』八月二三日号には、住宅難に乗じて、都内で三万八〇〇〇円の家が売りに出された記事が載ってます（土地は借地）。建坪三・五坪の家は、大工が二人がかりで二日で建てたベニヤ製。おそらく三年もたてば屋根板が反って割れるだろうと、新築時から崩壊が予告されてる最低品質の家に、三年保証をつけてくれるだけでも良心的だったのかもしれません。ただし、こんな住宅を売り出すような会社自体が、三年後に存在してる保証もほとんどありません。

偽装農家の宴

戦後の東京でどれだけ土地高騰が急激に進んだかを示すデータがあります。東京都『東京の土地　１９７４』によると、昭和三〇年には住宅を建てる費用のうち、建築費が七二パーセント、土地代が二八パーセントでした。それが昭和四〇年には、建築費三七パーセント、土地代六三パーセントと逆転しています。住宅取得予算のほとんどを土地代に取られるなんて現象は、日本以外の国ではありえないと思います。

戦後日本で住宅事情の歪《ゆが》みと格差を生み出した元凶は、土地価格の高騰です。慢性的な住宅難に振り回されるサラリーマン階級がいる一方で、都市部の農民は土地を切り売りするだけで莫大《ばくだい》な儲《もう》けを手にしました。

さきほど紹介した『婦人公論』の手記のなかでは、キャバレーでいっぱいカネを使う上客は土地成金の農民だとホステスたちがいってます。

戦後の庶民派社長を主役にした小説の傑作が『三等重役』なら、戦後の庶民派社員が主役の傑作は『江分利満氏の優雅な生活』（山口瞳《やまぐちひとみ》　一九六三年）。

都内の大手家電メーカーに勤める江分利《えぶり》氏が妻と小学生の息子と三人で暮らしているのは、会社から電車で一時間一〇分、神奈川県川崎《かわさき》市にある社宅です。

その家の前には、二〇〇〇坪の田んぼが広がっています。越してきた当時、お百姓さんたちが苦労して米を作る様子を息子に見せられると教育効果を期待した江分利は、まもなく裏切られます。ろくに田の草取りもしてないし、稲穂が実って垂れてきても刈り取りもせず、スズメに食われるまま放置されているではないですか。

どうやらその田の持ち主は、農地の一部を宅地として売って大金持ちになったので、もはや農業をやる気などないらしい。でも農地法などの税制特例措置を受けるためには、カタチだけでも農業をやってなければならないので、しぶしぶ続けているんです。

農学者の神門善久《ごうどよしひさ》さんが「偽装農家」と名付けたこの手の農家は、政府の無策によっていまだに増え続け、日本の農業構造にも悪影響を及ぼしています。

社宅から持ち家へ

一戸建てを買う余裕のない一九六〇年代の庶民が、木賃アパートよりも質の良い住宅に安い家賃で住むための方法は、おもにふたつありました。ひとつは公団の団地です。近代的なコンクリート住宅に格安の家賃で住むことは庶民のあこがれでしたが、希望者が殺到するため、数十倍の抽選に当たる強運が必要とされました。

そしてもうひとつの方法が、社宅です。ただしこちらは、社員の福利厚生として社宅を提供できるくらいの体力がある大企業に勤めていることが条件になります。

いま社宅といったら、マンションや団地のような集合住宅をイメージするでしょうけど、江分利が住んでたのはテラスハウス——って、これも若い人たちは誤解するのかな？　最近のテレビ番組で若い男女が高級物件で共同生活してましたけど、ああいうのじゃないですよ。二階建ての住宅が横に二軒（以上）くっついて並んでいるタイプの中流階級向け住宅が、本来のテラスハウス。おとなりと壁を共有することで一戸建てよりも建築コストを下げられるわけです。昭和三〇年代の家族向け社宅は、一戸建てやテラスハウスが主流でした。そのために大手企業は、こぞって大規模な土地取得を続けてきたのですが、昭和四〇年ごろ転換点にさしかかります。

一九六六（昭和四一）年刊の『社宅と寮と持ち家』に収録された、日立製作所と大成建設の社員、銀行員、建設省住宅局職員などの座談からは、社宅制度が行き詰まりを迎えていた実情がわかります。

大成建設では、大卒入社後五年間は独身寮、家族が出来たら社宅に二〇年。そのころには貯金が出来ているだろうから、家を購入して社宅を出てもらい、一〇年後の五七歳で定年、というコースを設定していました。しかし東京オリンピックの建設ラッシュを契機に社員が急増したので社宅の建設が追いつかず、希望者の四割しか入居できてません。

じつはこの時期、日本中の企業が社宅の提供をやめつつありました。日本不動産銀行の職員は、社宅の建設・維持には莫大な費用がかかるといいます。社宅の提供をやめて、その代わりに社員が持ち家を購入するための資金を融資すれば、企業の福利厚生費を半分にできると彼は試算します。資金融資なら、企業は金利負担だけで済むからです。

そんなわけで、日本各地で社宅の払い下げが進みました。

日立はこれまで二〇数億円の資金を用意し、東京近郊にまとまった土地を取得して社宅を建てたり、社員に分譲したりしてきましたが、地価高騰によって限界が来ている、このままでは製作所でなく住宅会社になってしまう、と座談に出席した社員が冗談交じりに語ります。

とどまるところを知らぬ地価高騰のせいで、企業は社宅から撤退をはじめ、社員に持ち家取得を勧めるようになります。自分の家を持てるといえば聞こえはいいですが、一九七〇年代になるとサラリーマンは、会社から遠く離れた場所に自己責任のローンで家を買わざるを得なくなった、というのが実情でしょう。そもそも土地高騰を招いたのは、大企業による土地の買い占め競争だったわけですから、企業が失策のツケを体《てい》よくサラリーマン個人に押しつけただけのこと。

昭和ヒトケタのヤケクソマイホーム作戦

社宅から持ち家へ。そのあおりをもろにくらったのが、当時四〇代の昭和ヒトケタ世代でした。彼らが不運・不条理に怒り、ヤケクソに決断したさまがビシビシ伝わってくる記事が、一九七二年九月四日号の『週刊文春』に載ってます。

貯金もないのに社宅を追い出され、ほうぼう金策にかけずり回って建て売りを買い、苦しいローンを払うはめになったお父さんは、「オレは戦後の苦しいとき、イモのツル食って生きてきたんだ！」と自分にハッパをかけるのです。

昭和ヒトケタ世代こそが、戦後の核家族化を進めてきたのですが、ここに到って年老いた親を引き取らなければならなくなったため、無理して広めの家を買った人も。

課長になって昇給するのをあてにしてローンを組んだものの、課長になったら残業手当がつかなくなる見込み違いに青くなる人。

オレは戦争で何度も焼け出されたから家なんていらんと思うようになったが、女房がギャアギャアいうからしかたなしに家を買った。返済は大変さ。オレが酒やめりゃいいんだろうが、やめる気ないね。

家のことはすべて女房まかせ。どうせあんまり家にはいないんだ。ボクは返済マシーンだ。

病気や万一の場合に備えることもなく、家につぎこんだ。われながらクソ度胸ですね。

お父さんたちの言葉からは、とめどなく悲愴《ひそう》感があふれ出ています。記事の惹句《じゃっく》は「危険な谷底には目をつぶって進む綱渡り！」となぞらえますが、実際少なからぬサラリーマンが足をすべらせて、住宅ローンの谷底へと転落していきました。その実例が七〇年代の新聞・雑誌に掲載されたあまたの記事や『婦人公論』の手記で確認できるのは、先ほど述べたとおりです。

家を建てたらしあわせになる？

私は、一般庶民にまで多大な負債を背負わせる持ち家政策には疑問を持ってます。金銭的なリスクだけでなく、社会生活上のリスクも大きすぎるからです。いったん家を買ってしまうと何十年も住むことを強いられます。その間、自分の置かれた環境が変化しないという保証はありません。会社をクビになる可能性も、会社が潰《つぶ》れる可能性もあります。

意外とありがちなのが、会社が移転する可能性です。現に六〇年代、社宅の払い下げや販売などで大勢の社員に持ち家を持たせておきながら、その後会社が移転してしまった例はいくつもあります。通勤圏からはずれた社員は、ローン支払中の家を叩《たた》き売って会社近くに引っ越すか、家から通える関連会社に出向するか、苦渋の決断を強いられたのでした。

昭和ヒトケタ世代は、自分らがいちばん損をしてると恨みごとをいいますが、それはちょっとちがいます。このあとの世代は、バブルに翻弄されるわけですし、いつの時代も、庶民は住宅で苦労してるのです。時代ごとに社会情勢が変わるので、どの世代が損かトクかという議論に意味はありません。

西川祐子《にしかわゆうこ》さんは『借家と持ち家の文学史』で、「日本の近代小説は、家を建てたら幸せになると思ったのに不幸ばかりおこりました、という話がほとんどなのである」と書いてますが、それは歴史の真実の一端をいい当ててます。

第六章　趣味だ！　休みだ！　ギャンブルだ！

戦前社長の趣味拝見

大正一二（一九二三）年一二月から翌年三月にかけてほぼ毎日、朝日新聞に「生活と趣味」と題された記事が連載されました。

当時第一線にいた社長や政治家たちがどんな趣味を楽しんでいるかを紹介する内容です。

残念なのは、ほとんどが周辺の人々への取材から得たと思われる情報ばかりであること。社長本人のインタビューがあれば貴重な文化記録になったはずなのに、毎日の連載ではそこまで取材する余裕がなかったか。

人それぞれ、さまざまな趣味があるものです。銀行家の山本達雄《やまもとたつお》は投網が趣味。久原《くはら》財閥の久原房之助《ふさのすけ》は昼寝が趣味というからお金がかからない。応接室で客と対談中に席を立ったままなかなか戻らないから探しに行くと、社長室で昼寝していたこともあったそうです。

これは趣味というより健康法でしょうけど、久原は毎日二升の塩水を飲んでいたとあります。同じことを習慣にしていた社長は他にも数名いるので、当時流行《はや》っていたんでしょうね。カラダによくなさそうな気がしますけど、久原は九〇すぎまで生きましたから、体質にあってたみたいです。

変わった趣味もありますが、やはり全体を通じて多いのは、俳句や謡曲など、おなじみの文化系趣味と芸事です。

むかしは接待の宴会などで芸を披露する機会が多かったので、謡曲や小唄《こうた》などの芸事を習うのは趣味というより、実益の面が強かったのかもしれません。なので、なかには岩崎《いわさき》小弥太《こやた》（三菱《みつびし》財閥）のように、琴や三味線の音は大嫌いと反発する人もいました。

もちろんハマる人はハマります。玄人はだしの腕にまで上達した人も少なくありません。ただし芸事ばかりは天賦の才ってものに左右されますから、練習しても上手《うま》くなるとはかぎらない。槇哲《まきあきら》（製糖会社社長）はときどき社員や友人を集めて自慢の喜多《きた》流謡曲を聴かせるのですが、その奇声に悩まされた社員たちは「奇声流家元」と陰口を叩《たた》いてました。

槇哲は多趣味な人だったようで、他にも囲碁、玉突き、薪割《まきわ》り、相撲にゴルフと文化系から体育会系まで幅広い。連載記事ではゴルフを趣味としている社長や政治家がけっこう目立ちます。大正時代後期ともなると、上流階級の間ではゴルフがかなり普及していたんですね。庶民ができるようになったのは、むろん戦後の高度成長期以降のこと。

今岡純一郎《いまおかじゅんいちろう》（造船会社社長）はぶっちゃけます。財界人はいろんな人と話をあわせるために、いろんな趣味を広く浅くやってるのだ、と。なるほど、それはあるでしょうね。以前にも取りあげましたけど、戦前のお金持ちにはオンナ遊びも趣味の定番。浅野総一郎《あさのそういちろう》（浅野財閥）の息子は、「僕の父は、事業と若い女のほかには何も趣味はない」と断言してます。

釣りが趣味という人も多いなか、片岡直輝《かたおかなおてる》（銀行家・実業家）はちょっと珍しいケース。自分でなく奥さんが釣りマニアで、日曜になると息子を連れて釣りに出掛けてしまいます。自分はひとりでやることがないもんだから、もっぱら酒飲んで芸者遊びをしていたのだとか。

サラリーマンひまつぶしの実態

では戦前のサラリーマンがどんな趣味に興じていたのかといいますと、こちらの情報はほとんどありません。戦前のサラリーマン情報が満載でいつも頼りにしている『実業之日本』にも、趣味に関する特集記事は見当たらないんです。

いわゆるところの、飲む打つ買う。もうちょっと健全なところで芝居見物・映画鑑賞・囲碁将棋。こういったありきたりな趣味や娯楽をみんなが同じようにやってたのだから、記事で取りあげる価値がなかったのだ、と考えられます。

なんらかの特殊な趣味に没頭すると必要になるのはヒマとカネ。食っていくのがやっとという庶民が多かった戦前には、凝った趣味を持つ余裕などなかったのでしょうね。

戦後の高度成長によって、庶民サラリーマンの月給が上がったとはいうものの、物価上昇と追いかけっこなのだから、いつまでたってもカネに余裕などできやしません。

一九六三（昭和三八）年の雑誌『世代』九月号の記事を読むかぎりでは、戦前とやってることはたいして変わってなかったようです。記事では酒・タバコ・ギャンブルを代表的な道楽として、二〇・三〇代を中心としたサラリーマンにアンケート調査を行ってますが、予想を裏切る項目がまったくない平凡で退屈な結果が出ています。

いまと多少異なる点といえば、アンケート回答者の大多数が、なんらかのギャンブルをたしなんでいるところでしょう。もっとも熱中しているギャンブルは麻雀《マージャン》とパチンコで過半数を占めてます。開催日が決まってる競馬・競輪などとちがって、麻雀・パチンコは年がら年中できますから、ひまつぶしの娯楽としては最適です。

庶民のひまつぶしに革命を起こしたのは、テレビの普及でした。

一九七二（昭和四七）年五月一一日号の『週刊現代』記事「平均的サラリーマンの〈休日〉白書」によると一〇人中四人が、休日は家でゴロゴロしてテレビを見て過ごすのだそうで。

「ねえ、お父さん、休みなんだから家族でお出かけしようよぉ」

「オレは毎日働いて疲れてるんだから、週に一度の休みくらいウチでゴロゴロさせてくれよ」

などという、昭和のお父さんの鉄板イメージが定着したのがこの時代。

このお父さんたちが四〇数年たった現在、老人になって毎日何してるかといったら、朝から晩までテレビ見てヒマつぶししてるんだから、人間の習慣ってスゴいものですね。早朝四時に『暴れん坊将軍』とかやってるんですよ。早起きの年寄りがリアルタイムで見たいって需要がなきゃ、こんな時間に放送するわけない。

てことは、きっといまから四〇年後の年寄りは、みんな朝から晩までスマホいじってるんでしょうね。スマホというデバイスがまったく別のかたちに進化したとしても、「年寄りは新しいものにはついていけん。スマホは手に馴染《なじ》むなあ。スマホは日本の伝統じゃ！」とかいって。

けっこう険しかった週休二日制実現への道

週に一度の休みをゴロ寝テレビで過ごすお父さんたちのふがいなさを見かねたエラい人たちが、だったら休みをもう一日与えましょうと思《おぼ》し召したのか、一九七〇年代に入ると週休二日制の導入が提案されはじめます。

いまでこそあたりまえになった週休二日制ですが、一九七二（昭和四七）年の時点で週休二日制を採用していたのは全企業のたった六・五パーセント。提案された当初は労働者側からもあまり支持を得られていなかったのです。

じつはそれ以前、一九六三（昭和三八）年ごろにも、一部の人たちが週休二日制の是非を議論してました。

『婦人公論』一九六三年四月号では、週休二日制をテーマに鼎談《ていだん》を行ってます。当時の千葉県知事加納久朗《かのうひさあきら》はかなり進歩的な考えと実行力を持った人で、就任するとさっそく、試験的に一部職員の隔週二日休をはじめました。ところが自治省からやめろと命令が来て、しかたなくやめたとのこと。

前例がないから実験してみてメリット・デメリットをあきらかにしようとしてるのにね。わざわざ実験役を買って出てくれてるのに、それすらやめろというのでは、なんの進歩も望めません。

この自治省（現・総務省）ってのは、日本の地方をすべて中央政府の意向に従わせようとする「自治させない軍団」なんです。前例のないことは、しない・させない・許さない。

この当時はまだ、民間でも週休二日がほとんど導入されてないのに、公務員が週休二日など前例のないことをするのはもってのほか、というお達しだったのでしょう。

鼎談に参加した評論家の大宅壮一《おおやそういち》は、二日休みにしたって一日徹夜麻雀をしてしまったらなんにもならない、とシラケた皮肉を述べますが、これは否定になってません。休みが一日なら土曜に徹マン（徹夜麻雀）をして日曜は寝ててておしまいですけど、二日休みなら、金曜徹マンで土曜寝て、日曜は家族と遊んだりできます。なんにもならないどころか、はるかに有意義です。

六三年というと、まだ休みよりも所得を増やしたいと希望する人が多かったんです。なにしろようやくこのころから、会社ぐるみ、工場ぐるみで一斉に夏休みをとるようになったくらいなので。そんな空気のなかでの週休二日制議論は、あきらかに時期尚早でした。

べつの雑誌記事ですが、週休二日になると子どもが増えて困るんじゃないか、と心配する声があったのは、いまから思うとお笑いぐさ。もしも五〇年前の人たちに、将来日本は少子化で悩むようになるなんて告げても、だれも信じなかったことでしょう。

それから九年、捲土重来《けんどちょうらい》、一九七二年に週休二日制導入の議論がリブートされます。今度はかなり本格的で、多くの雑誌で取りあげられてます。それでもまだ、否定的な意見は根強いんです。

休みが増えてもゴロ寝するだけだ。

六日でやってた仕事を五日でやるには効率をあげなきゃならない（ていうか、当時の会社が恐ろしく非効率だった）。

休みの日にのんびりしていると、家の一七年ローンのことを考えて気が滅入《めい》る（じゃあ三五年ローンを考えたら気を失うよ！）。

生活のペースが狂って心身に不調を来す（働き過ぎで早死にした人のほうが確実に多いんだけどね）。

当時のミサワホーム社長、三澤千代治《みさわちよじ》は『現代』（一九七三・一〇）掲載の「週休二日制くそくらえ論」で、二日も休んで家でゴロゴロしてると会社への不満がたまるのでよくないと主張。休ませるなら社員に宿題を出せなんていってます。この時代の日本にはまだ、勤勉と過労の区別がなかったんです。

逆風のなか、『週刊ポスト』（一九七三・八・二四）の対談記事で週休二日制を支持していたのが、作家の渡辺淳一《わたなべじゅんいち》さん。日本人は週休二日というと、レジャーや旅行をしなければと考えてしまいがちだけど、イヤな上司と顔を合わせなくて済む日が一日増えれば、ストレスが減るじゃないか。

そうこなくっちゃ！「休み」なんだから、何をしてもいいし、何もしなくてもいいんです。さすが、ダンディな反逆者を生涯貫いた渡辺さん。こういう人が先に亡くなって、老害みたいな作家ばかりが長生きしやがるのが悔しいかぎり。

対談相手の斉藤一《さいとうはじめ》さん（労働科学研究所）も同調します。休みのたびにマスコミが、海や山に何万人出掛けたなどと書き立てるのがよくない。休日にどこにも行かない人が取り残されたような印象を与えている、と。

歴史というのは皮肉なものです。このあとのオイルショックによる景気減速をきっかけに戦後高度成長期は幕をおろし、工場などが時短操業を迫られることで週休二日制の採用が進むのですから。

一九七八年ごろになると、週休二日はだいぶ世間に浸透しました。銀行協会が週休二日制の実現を訴える意見広告を新聞に出してます（実現したのは八〇年代）。ちかごろはヤクザの組員までもが週休二日を要求している、と飯干晃一《いいぼしこういち》はレポートしています。

ポンでござるぞ

ところで、テレビが存在しなかった戦前の年寄りは、いったいどうやってひまつぶしをしてたんだろう？　不思議に思いませんか。

ただぼうっとしていたり、いろいろあったでしょうけど、確実にその役割の一端を担っていたのがギャンブルです。いまでは考えにくいのですが、むかしは窃盗犯より賭博《とばく》犯が多かったりするんです。

昭和初期の司法省統計によると、当時六〇歳以上で一審有罪となった犯罪者が年間三〇〇〇人ほどいたのですが、その罪種は半数以上が賭博関連で占められてます。

そりゃあ杓子《しゃくし》定規に法に照らせばバクチが違法であることはわかります。だけど年寄りのひまつぶしくらい、大目に見てやればよかったのにね。むかしの人は不寛容です。

世界中で古代からギャンブルは行われてきました。日本も例外でありません、というか、日本人はむかしからかなりギャンブル好きな国民でした。むかしはこどもたちまで、メンコのガチ勝負で取り合いをして遊んでたじゃないですか。大正時代の読売新聞婦人欄には、メンコの流行は賭博のようで教育上よろしくないとお怒りの声が。

終戦直後の昭和二〇（一九四五）年、早くも宝くじが発売されました。翌年には競馬が、二三年に競輪、二七年に競艇がはじまってます。衣食住に困っていても、ギャンブルをしたいんですね。戦時中にどれだけ娯楽が抑圧されてたか。その反動だったのでしょう。

戦前から庶民の間で根強い人気があったギャンブルといえば麻雀です。タテマエ上はみんな賭《か》けてないといいますが、賭けずにやってる人などほとんどいません。

俳優の片岡千恵蔵《かたおかちえぞう》は昭和二年の映画デビューから四二年間、一日もかかさず麻雀をやってきた、と昭和四三年『勝利』一〇月号のインタビューで熱弁をふるいます。

時代劇の撮影中、役者同士の息が合わずNGを繰り返したため、いったん休憩してちょんまげ姿のままみんなで麻雀をやろうと提案した。ポンでござるぞ、なんてしばらくやって撮影再開したら一発OKだったとか。ヒマさえあれば麻雀やってるものだから、千恵蔵はいつセリフを覚えてるのかナゾだとの伝説が生まれたそうです。

昭和三〇（一九五五）年の『サラリーマン愉しみ手帖』で紹介されている、某社長の麻雀亡国論。いまの若いものは昼飯を食うのもそこそこに、正午きっかりから麻雀をはじめ、五時に退社するとまた深夜まで麻雀に明け暮れている、と。

若者たちのあまりの熱中ぶりに、六〇年代の新聞雑誌では徹マンは健康に悪い、長生きできないとたびたび警告してます。でもその若者は、いまや長生きしすぎてますよねえ。

とはいえ一九六八年に、徹マンのあと勤務に就いた電車の運転手が居眠りして衝突事故を起こし、五一人の重軽傷者を出す事態になってますから、手放しで賞賛はしかねます。

この勢いは一九七〇年代になっても続きます。一九六六年からの五年で日本のGNPは一・九倍。ギャンブル支出は二・六倍。

それまでも人気があった麻雀ですが、ブームの頂点は七〇年代でした。警察庁の統計によると、七〇年に一万七〇〇〇軒あまりだった雀荘は七八年には三万六〇〇〇軒と倍増しています。

趣味としてのギャンブルの衰退

ところが八〇年代に入ると一転、雀荘が次々に店を畳みます。それまでは打ち出の小槌《こづち》のごとく地方自治体に収益をもたらしていた公営ギャンブルも、七〇年代後半から観客動員が目に見えて減り出しました。

七〇年代の若手サラリーマンは、勤務中にさぼってギャンブルをやるほどのめり込み、バレてくびになる者もいたというのに、八〇年代の若手はギャンブルにシラケていたのです。若者のギャンブル離れのはじまりです。

このあと公営ギャンブルは八〇年代末のバブル時代にいったん息を吹き返すものの、その後の衰退はとどまるところを知らず、地方の公営ギャンブルは赤字を垂れ流す厄介者と化しました。八〇・九〇年代を制したパチンコも、二〇〇〇年代からは減少の一途です。

なぜ日本人がギャンブルをしなくなったのか。もっともらしい考察はたくさんありますが、私は突き詰めればこういうことだと思います。

飽きた。

自分ではギャンブルをまったくしないので、私は熱中する人の気持ちはわかりませんが、否定もしません。蔑視《べっし》もしません。ギャンブルも趣味・娯楽のひとつだと認めています。

戦後のギャンブルブームを支えた世代の人たちは、ギャンブルは人間を魅了してやまない特別な存在だと思いたいようですが、庶民の趣味が多様化したことで人気が薄れ、ギャンブルもまた趣味のひとつにすぎなかったってことが証明されてしまいました。むかしは趣味の選択肢が少なかったから、ひまつぶしとして手を出す人が多かっただけ。

ギャンブル好きな人は、「人生はギャンブルなんだよ」といい、だからギャンブルをやるのが当然で、やらないのはもったいないと主張します。しかし、だれもが人生というギャンブルをやってるのだから、わざわざ公営ギャンブルや麻雀をする必要はない、という逆の理屈も成り立ちます。

あんなに一世を風靡《ふうび》してたテレビゲームだって、売れなくなってしまいました。趣味にも仕事にも愛情にも、いつか必ず飽きてしまうのですから、人間なんて薄情なもんです。

第七章　いまどきの新入社員列伝

入社式はなかった

入社式は広く世界各地の現存自然民族の間に行われている儀式のひとつであるが、我国においても古くはかかる儀式の行われたであろうことは、現在各地の民俗に残存するもののあることをもってしても想像せられるのである……（注・原文の一部を現代かなづかいに変更）

いきなりの引用で、入社式は民俗の儀式？　なんのこっちゃ？　と面食らったかたもいらっしゃることでしょう。

これは一九三八（昭和一三）年の『旅と伝説』八月号に掲載された野口隆《のぐちたかし》さんの論文「古典に現れた入社式」からの一節です。ここでいう「入社式」とは、Initiation ceremonyの意味でして、宗教団体などの結社への参加希望者を正式なメンバーとして迎えるための儀式のこと。現代の日本人がイメージするであろう、毎年春先に新入社員を一堂に集め、社長の退屈な訓示を長々と聞かせたり、サプライズゲストで芸能人が登場して場を盛り上げたり、社員全員で、がんばろー！　なんてコブシを突き上げたりするあの入社式とはまったくの別物です。

戦前の日本の会社では、新入社員を迎える式典のようなものが行われていた気配がありません。戦前のぶ厚い国語辞典『大言海』にも入社式という項目はなく、民俗学者などが使う専門用語でしかなかったのです。

やらなかった理由はおそらく、戦前は新入社員を大量に定期採用する慣行がなかったからでしょう。新入社員が数人採用されたくらいでおおげさな式などやってもしょうがないし。歓迎の飲み会くらいでじゅうぶんです。

まったく入社式がなかったわけではないようです。戦時中に発行された東洋陶器（TOTO）の社史のような出版物には、社長に代わって常務が入社式であいさつしたことが記されてます。ただし、これは工場に雇われた若い工員たちに向けたもので、毎月のことだから簡略にします、なんていってるところからすると、会社全体ではなく工場だけの式で、採用者があるたびに内々の簡単なものをやっていたと推測できます。

現在のようにおおげさな、まさにセレモニーとしての入社式をやるようになったのは、定期大量採用が定着しはじめた昭和三〇年代のことでした。

朝日・読売両紙で記事になったものでもっとも古いのは、一九五四（昭和二九）年の日本航空スチュワーデス・スチュワードの入社式。ただしこれが行われたのは七月です（読売　一九五四・七・一二夕）。

新生活は桜の季節からという日本情緒に沿ったものですと、五八年、東京の各デパートで高卒女子の入社式が行われたなんてところからです。朝日（一九五八・三・一六夕）の記事では、デパートの入社式には両親が付き添うことになっているのが特徴だと書かれています。当時はデパート店員が花形職業で、入社式は晴れの舞台だったわけですか。

採用人数の増加とともに、入社式のスケールは年々デカくなっていきます。一九六四

（昭和三九）年、新人銀行員一六〇〇人を集めた日比谷《ひびや》公会堂での入社式が「マンモス入社式」と報じられたのを皮切りに、毎年、各企業のマンモス入社式を報じる記事が春先の風物詩となるのです。

本来なら入社式などやる必要のない、社員が少ない中小企業や商店の経営者も、高度成長時代の波に乗り遅れまいと、業界で合同の入社式を行って大企業に対抗し、デラックスなミエをはったりしたものです。

ていうか、そもそも入社式って、日本独自の文化じゃないですか。他のアジア圏の事情は不明ですが、少なくとも欧米では、入社式なんてほとんどやってません。学校の入学式もないですから。学校も会社もなんの感動も感慨もなく、しれっとはじまるのが欧米流。

入社式はまさに、はじめよければそれでよし、という日本人の気質を見事にあらわしています。日本人は時間に正確だと自慢しますけど、それは半分ウソですね。日本人って、始業時間には異常なほどうるさいのに、終業時間をすぎてもだらだらと残業しています。それは時間にルーズな一面なのに、日本人は自覚してません。

考えてみると、日本の会社はそれぞれに特殊な慣行だらけです。なかには社会のルールや法律から逸脱する慣行もあります。新入社員は入社式というセレモニーで、会社という共同体の一員となり、国や社会のルールよりも会社のルールを優先することを誓わされるのですから、日本の企業の入社式は、まさに戦前の民俗学が研究対象にしていた結社の入社式と同じといえましょう。

どいつもこいつも、ゆとりとさとり

「うちの部の新人、マジで使えねえんだよ」

「オレんとこもだよ。上司にタメ口きいたりすんだぜ」

「競争心に欠けるっていうか、努力とガマンができねえんだな」

「おとなしいと思ってミスを指摘したら、逆ギレ」

「ちょっと叱るとすぐ辞めるしな」

「まったく、ゆとり世代ってヤツは」

「最近は、もっと凄《すご》いさとり世代ってのが出てきたらしいぞ」

「上も下もバカばっかりだよなー」

今宵《こよい》も全国津々浦々の居酒屋で、サラリーマン諸氏はこんなトークを肴《さかな》に酒をあおっているのでしょう。

ゆとり世代とは、いわゆるゆとり教育を受けて育った世代という非常にざっくりした分類でしかありません。学術的な用語ではありません。いま二〇代の人はほぼ当てはまります。

でも、みなさんお忘れになっているようですね。現在二〇代の若者たちがゆとり世代と呼ばれるようになったのは、彼らが大学生になった二〇〇五年くらいからのことでした。じつはそれ以前にも「ゆとり世代」という言葉は存在し、まったくべつの意味で用いられてたんです。一九九〇（平成二）年に発表された電通のレポートで、これからの消費は、高級品を買える金銭的ゆとりのある高齢者世代によって支えられることになるだろうと指摘されました。

これを受けて新聞雑誌は九〇年代から二〇〇〇年代前半まで、おもに金持ち高齢者のことをゆとり世代と呼んでいたのです。

二〇〇三年の朝日新聞（六・二九埼玉）記事での使用例。埼玉の公民館に、新宿《しんじゅく》の歌声喫茶で活動してる歌手が歌の出前をしているというネタで、歌声喫茶全盛期の若者がいま六〇代のゆとり世代になって、仲間と何かやりたいと思っている、と参加者のひとりがコメントしています。

　こんな例はいかがでしょう。某銀行のおエラいさんが雑誌記者の取材に答え、新入社員を総括したコメント。

「ことしはいってきた人たちを見ていますと、なにか、さとり切ったような人が多いんですよ。……未完成で荒けずり、失敗もするかもしれないが、なにかやってくれるのではないだろうか、というような楽しめる人間というのが少なくなりましたね」

　これ、一九七二（昭和四七）年の『サンデー毎日』（四・二三）に掲載されたものなんですが、今年のコメントだとしても、じゅうぶん通用しますよね。

　驚くべきは四〇年以上も前に、さとり世代が登場していたこと。このときの新入社員は二〇一七年現在六〇代半ばなので、すでに定年を迎えたか、あるいは企業のトップに君臨しているかもしれません。彼らこそが、時代を先取りした元祖さとり世代だったとは！　そしてなんの因果か、彼らの孫世代が、いままさに二代目さとり世代を襲名し、新入社員として企業に入りはじめているのです。

　ややこしくなったので、ここまでの調査結果をまとめます。いまの二〇代がゆとり世代で、二〇代前半がさとり世代。七〇代の人たちは一〇年前までゆとり世代と呼ばれてて、いま六〇代の人たちが元祖さとり世代……

ええい、どいつもこいつも、ゆとりかさとりばっかりか！

戦前の新入社員へのお小言

では、他の世代の新入社員時代はどんな感じだったのでしょうか。時代を追って検証していきましょう。

まずは戦前、昭和二年の『実業之日本』二月一日号から、「実業界の先輩より見た現代会社員観」。執筆者は愛国生命保険の専務です。例によって、表記の一部を現代かなづかいにしてあります。

近代の学校を出たての青年会社員を事務本位の見地より評すれば、その質が年をおうて悪化する傾向があると見て間違いがない……責任感および忠実性が漸次薄らいでいくようである……生活を支えるためにいやいやながら与えられたる職に引きずられておるのである。職に対して熱もなければ真剣味もない。

日本でサラリーマン文化が開花したのは大正時代のことでした。この専務の見立てを信じるなら、開花まもない昭和初期にして早くも、新入社員の劣化がはじまっていたことになります。足が早いですねえ。サバですね。

この劣化新入社員とされた第一世代から反論をうかがいたいところですが、すでに一一〇歳を越えてるはずなので、ぎりぎり生きてらっしゃるかどうか。

新人の質が悪化したことの原因として、専務は就職難を第一にあげてます。学生時代に熱望していた理想とはちがう職に就かざるを得なかったため、やる気を失ったのだと分析。

そうかなあ？　まあ、たしかに保険会社は、官僚や銀行、財閥から比べれば、明治時代には大卒者の就職先としては格下に見られてました。でも昭和初期になるとむしろ成長が期待される業界として人気が上がっていたはずです。やる気がないのは、個人の資質の問題だったのでは？

べつの生命保険会社の課長は前年の同誌で、日本の大卒者は総数でもたかがしれている、昨今の就職難は学生が仕事を選《え》り好みしている結果にすぎないと、就職難を若者の甘えのせいにしています。なんか、二〇〇〇年代の就職氷河期にも同じことといってるおじさんたちがけっこういたように思いますけど。

保険業より格上のはずの銀行でも新人のレベルに差はなかったことが、日本勧業銀行の馬場《ばば》総裁が昭和四年五月一日号に寄稿した「新入社員にお小言進上」から読みとれます。馬場は入社の筆記試験・口頭試問への回答をイジり、新入行員の資質をクサしてます。試験の回答以前に、世帯主との続柄という欄に「父」と珍答を書いた非常識な人がいた、などといいますが、それくらいのカン違いはあるでしょ。

口頭試問で尊敬する人物を訪ねたらリンカーンといったので、彼は西暦何年に死んだかと問うたが答えられない。真に崇拝していない証拠だ――って、これもいちゃもんだよねえ。生没年を知らなきゃ尊敬してることにならないの？　そんなのはオタク知識でしかないですよ。有名人の誕生日をすべて暗記してる林家《はやしや》ぺーさんも、没年までは知らないのでは？

さらに、最近の若者は仕事が終わるとビリヤードや囲碁将棋で時間をつぶすのみで、修養・向上の心を持つものは少ないなどと、新人批判は止まりません。

ほかのインタビュー記事などでも、戦前昭和のおエラいさんが、近頃の若者はカネのことばかり気にしている、と批判しているものはいくつもあります。

これらをまとめると、戦前昭和の新入社員は、仕事に対するやる気がないくせに遊びには熱心で、カネばかり欲しがる、というイメージだったことになります。

アプレの季節

源氏鶏太《げんじけいた》の『三等重役』にも新入社員が登場します。この作品は昭和二六～二七年に連載されたものなので、その当時の若者をモデルにしているはず。

新入社員の野見山《のみやま》は、見た目はきちんとしているが、課長に呼ばれると、耳をつんざくほどの大声で返事をして駆けつけるなど奇行が目立ちます。周囲の者たちは、あいつはおかしいんじゃないかと心配するのですが、じつは野見山くん、「サラリーマン十戒」なるサラリーマン出世マニュアル本を熟読し、その教えを忠実に実行するマニュアル人間だったのです。背広はいいものを着ろだとか、大きな声で返事して社内で目立てとか、すべて本に書かれていたアドバイスでした。

できる社員を演じているつもりの彼ですが、新人なのでさほど仕事ができるはずもなく。便所の個室にこもると、課長め、よくも僕の仕事を隙だらけだなんていったな、生意気をいうな、手をついて謝れ、などと声に出して憂さばらしをしています。それを課長に聞かれてしまい……というベタな展開なのですが、自己啓発ビジネス本に頼る人間はむかしからいて、源氏鶏太がからかったのでしょう。

べつのエピソードの舞台は会社の保養所である海の家。若い男女の社員たちが水着姿でカラダをくっつけるようにしてダンスを踊っているのを偶然目撃した社長が、厚顔無恥なアプレゲールめ、と毒づきます。

戦後、一九五〇年代の若者たちはなにかにつけて、アプレゲール、アプレ、アプレ娘などと批判されてました。

アプレゲールというのはフランス語で、もともとは第一次大戦後の戦後派芸術運動の意味で使われていました。日本では太平洋戦争後に、作家や文学者が戦後派の意味で使い出したところ、なぜか戦後の若者を批判・軽蔑《けいべつ》する言葉として使われる流行語となってしまったのです。若者が犯罪を起こせば、アプレ型犯罪とひとくくり。

一九五〇（昭和二五）年の雑誌『女学生の友』一〇月号には、当時大人気だったお笑い芸人リーガル千太《せんた》・万吉《まんきち》の漫才「アプレゲール親父」が掲載されてます。実際に彼らのネタだったのか、漫才作家が書いた台本なのかは不明です。

「どこかアプレゲールのないところはないものかなァ」

「だめだよ、山だろうが川だろうが、このアプレゲールはつきまとうね」

というつかみに続き、自分のこどもに朝からグッドモーニングとあいさつされて、服のモーニングのこととまちがえた、みたいなしょうもないボケを重ね、

「アプレゲールどころか、アキレケールだ」

ダジャレオチで締める、懐かしの昭和の演芸。どこで笑っていいのかわからないけど、アプレという言葉が庶民のあいだでどれだけ流行していたかは、伝わってきます。

同時期の言葉として、いまでは「太陽族」という言葉のほうが有名ですが、あれは一九五六年だけの流行語です。石原慎太郎《いしはらしんたろう》さんの小説をヒントにマスコミが捏造《ねつぞう》した若者像だとの批判が巻き起こり、一年足らずで消え去りました。無軌道・非常識な若者を指す言葉として五〇年代を通じて広く使われたのは、アプレのほうです。

世代の幅が広いのでイメージしにくいのですが、有名人ですと、田中邦衛《たなかくにえ》さん、仲代達矢《なかだいたつや》さん、ケーシー高峰《たかみね》さん、永六輔《えいろくすけ》さんや大橋巨泉《おおはしきょせん》さん、彼らの上下五歳くらいの人たちがアプレ世代です。

そんな時代、一九五二（昭和二七）年度の新人採用面接について、雑誌『マネジメント』二月号で各企業の担当者が語っています。この年は世間のアプレ悪評に反して、事前に就職勉強をしてきたまともな志望者が多かったようです。

「去年あたりまではひどかった。ドアを黙って開けて部屋に入り、お辞儀もせずに腰掛けてしまう。ある試験委員は、入ってきたら頭ぐらい下げたらどうだ、まるでチンパンジーだ、といった」

「アプレ型というが、非常に礼儀正しい印象を受ける」

「今年はきたない草履をつっかけてくるものもいなかった」

逆にいうと、前年、五一年度の志望者がどれだけ非常識だったかって話ですけども。なお、ここで面接官をしているおエラいさんたちは、戦前の新人時代に「やる気も向上心もなくカネのことばかり考えてる劣化した若者」といわれてた人たちです。


アプレ世代のトリをつとめる一九五八（昭和三三）年の新入社員が置かれていた状況を、新入社員Aくんの独白風にまとめた『サンデー毎日』（一九五八・四・二〇）の記事が秀逸。同じ大卒サラリーマンでも、戦前は金銭的にかなり恵まれてました。戦後は大卒者の初任給が物価換算で戦前の七割程度に落ちたといいます。えげつないほどちがうのは退職金の額。戦後は戦前の三分の一以下になっていることを知り、Aくんは落ち込みます。これは事実です。私はべつの史料で、戦前は一流企業を定年退職すると、家を四、五軒買えるほどの退職金をもらえたという証言を読んだことがあります。今のカネにしたら億単位でしょうね。

昭和五年に大学を卒業したのは五〇〇〇人強だったけど、昭和三三年には九万人を越えたというんだから、大卒者の出世競争は激化する一方。すでに出世をあきらめた会社の先輩諸氏は、電気洗濯機や冷蔵庫を買うことを小さな人生の目標にしています。

デパートに就職した大学の先輩を訪ねると、つねに笑顔を絶やさず、つくだ煮を二年間売り続けた先輩はスマイルノイローゼになってました。

将来に希望が持てず無気力になったAくんは、本屋で「仕事に成功する秘訣《ひけつ》」というビジネス書を手にします。この当時から、迷えるサラリーマンがすがるのは、ビジネス啓蒙《けいもう》マニュアル本だったのです。

ナマイキだった戦後世代

凶悪・非常識から無気力へとフェードアウトしていったアプレ世代でしたが、戦後派の名に反し、じつは彼らは戦前生まれです。彼らのあとの世代からが本当の戦後世代。

まずは終戦翌年に小学校に入学して新制教育で育った世代がついに一九六二年、新入社員となりました。有名人でいうと王貞治《おうさだはる》さん、篠山紀信《しのやまきしん》さん、麻生太郎《あそうたろう》さんなどがこの世代。

新人入社を報じた『週刊読売』（一九六二・四・二九）の記事タイトルが「ことしの新人はナマイキだ」。なにがナマイキって、大蔵省の新人歓迎会で事務次官のあいさつにヤジを飛ばす前代未聞の猛者があらわれ、先輩官僚は、ただただ、ぼう然。

さて、戦前派による新人評をうかがいましょう。

叱ればすぐ弁解、注意すれば口答え、仕事もせずにへ理屈いう。先輩・上司を○○チャンとかあだ名で呼ぶヤツまでいる……いまの若いものは、なってない！

まだ二五、六歳の先輩からも、「いまの若いのはまるっきり仕事をする気がないんだね。世の中そんなに甘くないよ」といわれる始末。

それに対する新人の弁。「なんにもわかっちゃいないんだから。人間としたら対等ですよ。うっかり甘い顔をしてたら、タバコの使い走りまでさせられちまう」

おまえは日活スターか。裕次郎《ゆうじろう》気取りか。たしかにナマイキですわな。

六五年の『週刊サンケイ』（八・二）でも、先輩OLが今年の新人はナマイキとおかんむり。先輩に敬語を使わず、ねえちゃんなどと呼ぶ。バアサンと呼ばれたのでさすがにアタマに来て、「なんだよ、ぼうや」と返事したら、たじろいでおとなしくなったとか。ナマイキだけど漢字が書けず、常識知らない、上司からちょっとシゴかれただけでさっさと辞める。三か月で歯が欠けたように何人もいなくなった。

六七年の『週刊現代』（三・一六）は、昭和フタ桁《けた》生まれ二〇代社員というくくりで特徴をまとめています。権利意識は高いが義務感が希薄。理解力はあるが創造性がない。身体は大きいが体力がない。与えられた仕事しかやらない。叱ると女の子みたいにふくれる。おそろしく教養が浅い。

過保護、さとり、新人類

一九六八年には、いよいよ昭和二〇年生まれ、純粋戦後派が入社します。有名人では長《なが》塚京三《つかきょうぞう》さん、タモリさん。

彼らに貼られたレッテルは、「過保護」「甘ったれママゴン息子」（『週刊サンケイ』一九六八・四・二二）。一流企業の入社式に、呼んでもいないのに親（大半は母親）がついてきます。幼稚園・小学校から入学・卒業式に参加するのがあたりまえだったから、入社式もその延長と考えるママが増えたのだとか。

国家公務員の合同研修会でも、泊まり込みだと母にいってこなかったから帰らせてください、ママがカゼをひいてるので家に帰りたい、などというのがいて、総理府や人事院のスタッフも呆《あき》れ顔。

東大・一橋・早稲田と名だたる一流校から採用した三菱商事の人事担当も「昔は大学出ればりっぱなおとなと思ってきたが、これからは小学生の集団と思ってやる」と腹をくくったご様子。このときの甘ったれ新入社員もいまや、七一歳になってらっしゃる。

というわけで、戦前から新入社員の歴史を長々と振り返ってきましたが、ここでようやく、元祖さとり世代の一九七二年組へとつながります（有名人では風間《かざま》杜夫《もりお》さん、武田《たけだ》鉄矢《てつや》さん）。

甘ったれ、幼児化、未熟児、外国人などの悪評がかまびすしいなか、「さとってる」という声もありました。これは大人びて落ち着いているという評価なので、幼児化という評価とは対極にあります。矛盾してますけど、世代論なんてのは、大勢の人間をひとくくりにするのだから、そんなもんです。

このあと七八年に昭和三〇年生まれの社員が入ってくると、「無気力・無関心・無責任の三無主義」「いやいや、それに無感動・無教養・無学力・無行動・無協力を加えて八無世代だ」と、若者劣化論はとめどなくエスカレート（有名人では内藤剛志《ないとうたかし》さん、明石家《あかしや》さんまさん）。八〇年代に「新人類」という呼称が生まれたところで、昭和という時代が幕を下ろしたのでした。

世代論のカラクリ

いま、ゆとり世代に向けられている、タメロ、ガマンできない、すぐ辞めるなどといった悪口は、戦前にサラリーマンが登場して以来、新人がずっといわれ続けてきたことでした。考えればあたりまえのことなんですが、いつの時代も、新人はナマイキで仕事ができないんですよ。それがだんだんできるようになる人もいて、できない人もいる。

世代論を論じる人は、自身の世代をなんの根拠もなく基準として設定し、自分より下の世代と上の世代がいかに自分と違うかを列挙して、自分の世代が「まとも」で「正しい」ことを証明したつもりになっているだけ。いつの時代にもいろんなタイプの若者がいるのだから、どんな指摘もつねにだれかに当てはまります。世代論はいかがわしい演繹法《えんえきほう》の見本です。

一九六七年に刊行された尾崎盛光《おざきもりてる》の『日本就職史』は明治・大正・昭和の大卒就職事情

をまとめていて、非常に史料的価値の高い本です。ここでも大正時代から若者劣化論が唱えられていたことが暴露されてまして、尾崎が皮肉屋の本領を発揮しています。最後にこれを引用して、新人サラリーマンたちへのエールといたしましょう。

識者にいわせると、人間というやつはだんだんぜいたくになり、かつ小型になっていくものらしい。……

……ちかごろの若い者はぜいたくになった、軟弱になった、……小型になった、とおっしゃる先輩方は、そうおっしゃることによって、おれは質実剛健で男性的で、大型、大物であった、ということをおっしゃりたいのが腹のうち、と思えばよろしい。

第八章　酷電痛勤地獄

平成の通勤事情

サラリーマン生活とは切っても切れない関係にあるのが、通勤です。永年社畜状態で会社が事実上の我が家というかたを除けば、現代の日本では住み込みで働くという習慣はほぼなくなりました。マイホームの購入予算を下げるほど、通勤にかかる距離と時間は延びるというトレードオフの呪縛《じゅばく》からもなかなか逃れられません。

明治から昭和までの文化史をおもに扱う本書では珍しく近年の——といっても平成四年ですが『THE 21』六月号に東京・大阪の通勤電車に関する苦情アンケートがまとめら

れてます。いくつか抜粋しましょう。

　東京編。

「車内放送が細かいところまでいい過ぎて耳障り。そんなこといわなくても知っている（ＪＲ）」

「私はジャイアンツファン。車内吊《づ》りのライオンズニュースを減らしてくれ（西武新宿線）」

　いろいろな意見があるなか、東京で多かったのは、地下鉄の冷房車を増やしてくれという要望でした。

「お祈りしないと冷房車が来ない（営団東西線）」

　いや、お祈りすれば来るってもんでもないでしょ。こういう苦情が多かったのは、当時地上を走る路線では冷房化率ほぼ一〇〇パーセントを達成してたのに、地下鉄はまだ六〇パーセント前後と、導入が大幅に遅れていたのが理由です。夏場の通勤電車で冷房があるのとないのとでは、疲労度が全然ちがいますよねえ。

　大阪編で目立った意見は、「電車のトイレが不潔」「車内が不潔」「駅がきたない」（以上ＪＲ）「客層のガラが悪すぎる（南海）」など。

まあ、それから二〇年以上経ちましたから、そろそろＪＲの駅や車内の清掃も済んで、南海沿線の住民も上品な人ばかりになったのではないかと。

東西を通じて意外に感じたのは、電車が混むのがイヤだ、というのが少数意見だったこと。同じアンケートを一九六〇年代にしていたら、電車が混むのをなんとかしろ！　という意見が絶対多数を占めていたはずです。

電車の混雑率を見てみると、九二年当時、大阪ではほとんどの路線で二〇〇パーセントを切っており、東京は最高で二六〇から二七〇。三〇〇パーセントまでは行ってませんでした。混んでるとはいえ、なんとかガマンできるレベルにまで落ち着いていたわけです（いまは東京でも二〇〇パーセントくらいまで下がったようです）。

世界が認めた圧死アワー

国土交通省鉄道局の資料によると、東京・大阪ともに都市圏の電車混雑率は一九七〇年代から低下を続け、二〇〇三年ごろに底を打って横ばいになってることがわかります。

私は以前、こんな仮説を立てました。電車内で化粧する女性の目撃報告が八〇年代末から増えたのは、座って化粧ができるくらいに電車が空いてきたからではないか。これ、かなりの確率で当たってると思います。

いま書店のビジネス書売り場では、『通勤電車で学べる〇〇』、みたいな本がたくさん並んでます。その手の本が増えたのも八〇年代後半からでした。それ以前はほとんどありませんでした。というのは、あまりに電車が混んでいて本も読めない状態だったから。混雑が解消されたことで、化粧をしたり本を読んで勉強したりする余裕ができたのです。

テレビでおなじみの脳科学者は、電車で化粧をするのは若者の前頭葉が退化したせいだなどと決めつけてましたけど、完全にまちがい。電車で化粧する女性がいることは、大正時代から昭和初期にかけても問題になっていました。それが戦後高度成長期に消えたのは、電車がむちゃくちゃ混んでただけのこと。日本女性の道徳心も脳機能も戦前に比べて低下などしてません。根拠もなく非科学的なウソを広める科学者にこそ、脳機能の精密検査をおすすめします。

一九六〇年代には、通勤電車の混雑率が三〇〇パーセントを超えていました。新聞雑誌に、圧死アワー、酷電、痛勤、家畜車など、通勤地獄を描写するさまざまな表現が登場したのもこのころです。

英語では満員電車をオイルサーディンの缶詰のようだと表現します。イワシが缶にぎっしり詰まった状態ですね。イギリス人記者のグールドさんが一九七二年、日本の「酷電」に乗って、イワシになる体験をしています（『週刊朝日』一〇・六）。

「生きて帰れないかもしれないな。もし死んじゃったら、ぼくのポケットの全財産、キミにあげるよ。もっとも、二五ドルしかないけどね」

と英国紳士ジョークをとばす余裕を見せつつ、中央線中野《なかの》駅から東京行き快速に乗ったものの、数分後の新宿《しんじゅく》駅であえなくギブアップ。「ニッポンの通勤者は、恐怖の混雑と、くさった空気に勇敢に立ち向かうヒーローだ」

混雑率三〇〇パーセントの戦場

いったい三〇〇パーセントという混雑率がどれほどのものなのか。いま現役のサラリーマンでそれを体験した人はもういないはずなので想像がつきませんよね。それを実験した模様を、一九六五（昭和四〇）年の朝日新聞（一一・一七夕）がレポートしています。

千葉県の国鉄津田沼《つだぬま》電車区でその実験は行われました。えーと、もしかして二〇代のみなさんは国鉄って知らない？　JRはむかし、日本国有鉄道でした。国が所有する特殊法人だったのが民営化されてJRになったんです。戦前は、鉄道省が運営してたので省線と呼ばれてました。なお、E電という呼び名は歴史の闇に消えたのでおぼえなくてけっこう。

なぜ実験会場に千葉県津田沼が選ばれたかというと、乗客役として参加したのが、その近くにある陸上自衛隊習志野《ならしの》第一空挺団の隊員六〇〇名だったから。一両の電車にどれだけの人間を詰め込めるか、そして身体にどんな影響を及ぼすのか。そんな過酷で危険を伴う検証に、屈強な若者たちが挑みます。

いま首都圏で主流の電車だと、定員一〇〇パーセントは一六〇人くらいのようですが、当時の電車はひとまわり小さくて、一四四人。これで座席と吊革がふさがったところから実験スタート。朝日の記者も隊員に混じって乗り込みます。

二〇〇パーセントになると、満員だけど吊革につかまっていれば新聞を読めます。二五〇パーセントになると急に苦しくなるそうで、もはや新聞を読む余裕などなく、ドアから入ろうとした人が外に押し戻されてしまいます。

ここからが未知の領域、三〇〇パーセント。隊員たちが「ワッショイ!」の掛け声とともにスクラム組んで車内に身体をねじ込みます。この時点で取材記者の片足は宙に浮いてます。

その後も人間を押し込み続け、隊員たちの顔が苦痛に歪《ゆが》む三四二パーセント、四九二名に達したところで、実験中止の指令が出ます。窓際の人たちがみんな窓枠に手をついて身体を支えているので、車体が壊れる危険ありと判断されたのです。ありえない圧迫状態から解放された隊員のひとりがつぶやきます。「人間が縮んだ？」

しかし国鉄側は実験結果に驚きません。実際に中央線で運行中の通勤車両を調べたところ、なんと五〇〇人以上乗っていたというんです。この実験では体格のいい男性ばかりでしたが、実際の乗客には小柄な女性がたくさん混じっているので想定を超える人数も乗車可能なんだとか。

いくら可能だとはいえ、六〇年代の人たちはよくそんな殺人的苦行を毎日こなして平気だったなあと感心しているあなた、平気だったわけがないじゃないですか。五〇年前の人たちだって血と肉でできた人間です。毎日のようにケガ人が出てました。なかにはラッシュで押しつぶされて子宮が裂けた女性が病院に緊急搬送されたなんてコワい例も。

これだけ押し合いになれば、殺気だった乗客同士がケンカになります。殴る蹴《け》る刺す、たまにケガ人、まれに死人。

現在のような性能のいい強化ガラスがなかったので、電車の窓ガラスが割れてケガをするのも日常茶飯事。一九六一（昭和三六）年の朝日新聞（一・二五）に掲載された通勤地獄座談会では、国鉄の局長が、毎日一〇〇枚以上のガラスが破れるといってます。あれ一枚五〇〇円するんです（笑い）。って、笑ってる場合じゃないよ、局長。

ラッシュに揉《も》まれ、クツが脱げてどこかへ行ってしまった不運な人のために、一九六二年には秋葉原《あきはばら》駅の駅員有志たちが、ぞうりとサンダルを貸し出すサービスを開始。多い日には六、七人が利用していたとのこと。

ラッシュアワーでパイノパイノパイ

通勤電車の大混雑は、戦後高度成長期にはじまった現象と思ってる人も多いようですが、ラッシュアワーという言葉が日本人のあいだに広まったのは、大正時代のことでした。

第四章でお伝えしたように、東京では第一次大戦後の好景気で労働者が一気に流入した結果、大正時代になると深刻な住宅難に悩まされるほど爆発的に人口が増えました。

工場労働者は工場敷地内もしくは近くの社宅に住むことが多かったので、住まいさえ確保できれば通勤で苦労することはあまりなかったようです。でも同時に急増していたホワイトカラー、東京中心部の会社に通うサラリーマンは、住宅難と通勤地獄のダブルパンチを日本の歴史上最初に体験する世代になったのです。

大正時代の流行歌「パイノパイノパイ」でも歌われてます。「東京の名物満員電車　いつまで待っても乗れやしねぇ　乗るにゃケンカ腰いのちがけ」

一九一八年一二月二四日付の読売新聞は「段々酷《ひど》くなる乗車難」と題した記事で、とにかく混んでて電車に乗れない現状を報じ、読者から寄せられた不満の投書を並べて、市電を運営する電気局を糾弾します。

電車が込む《ママ》――電車に乗れない――こうした市民の声は年がら年中言い古し論じ尽くして当局も驚かねば市民も当たり前のことに考えている。……冷たい雨や、寒い雪の日に……来る電車も来る電車もすし詰め鈴なりの大満員ばかりを眺めやるとき誰に恨みの言葉の出ないものがあろう。……いまや東京の電車は「親不知《おやしらず》」の異名をもって目さるるほど不便不快怨嗟《えんさ》の府となっている。（表記を現代かなづかいに変更）

この記事での電車は市電、路面電車のことです。もちろん省線もあったのですが、東京市内の交通は、張り巡らされた市電が担ってました。とはいえ市電は車体も小さいですし、道路を走るので、複線化などの増強策もそうおいそれとはできません。輸送量にはおのずと限界があります。

当時の市電は、満員でこれ以上乗れないと車掌が判断した場合、停留所を通過してしまいました。そのため停留所で何台も満員電車を見送り、何十分も待ち続けることもしばしば。無理に乗ろうとする場合、ケンカを覚悟で突入しなければなりません。女性やこどもには絶対ムリですし、投書者の気弱な男性は、銀座《ぎんざ》から大塚《おおつか》へ帰るのに、余計な運賃を払って遠回りの空いてる路線を利用せざるを得ないと不満を漏らします。

動き出した電車に飛び乗ろうとした車掌が、満員の客にはね飛ばされて大道にころがったのを目撃した投書者は、乗客をすし詰めにした祟《たた》りだろうとあてこすります。

翌年には電気局の井上《いのうえ》局長が、一年で利用客が二五万人も増えたのだから、混雑対策は万策尽き果てたと早くも敗北宣言。

一九二三年には、朝夕のラッシュ時のみ、全線の四割の停留所を通過する急行運転にすることで混雑緩和を目指しました。これにより、品川《しながわ》から浅草雷 門《あさくさかみなりもん》までのルートで所要時間が三分一五秒短縮されました！　……それはほぼ、誤差の範囲なのでは？

長距離通勤の萌芽

昭和になると、以前は多少余裕のあった省線でも混雑が常態化し、いよいよ東京の通勤地獄はのっぴきならぬものに。

戦前昭和の東京市はとても熱心に各種統計を取っていて、その資料が残っているのがありがたい。そのひとつ、昭和四（一九二九）年の暮れに実施された「帝都中心地域昼間人口調査」から、戦前の通勤事情の一端を垣間見《かいまみ》ることができます。

当時東京のビジネス中心地といえば東京駅とその周辺。麴町《こうじまち》・日本橋《にほんばし》・京橋《きょうばし》・芝《しば》の四区に通勤・通学する人たちが調査対象となってます。通学者も含まれてますが、調査対象者一二万人のうち、通学者はおそらく職業別で無職に分類されている四九〇〇人だと思われるので、少数とみなしていいでしょう。

いまとあきらかに違うのは通勤者の顔ぶれがフレッシュなこと。二〇代が圧倒的で、全体の四割近くを占めてます。五〇代以上は七パーセントしかいません。戦前は五〇代で仕事を辞めてた人がかなりいたということです。自分の意志によるのか、お払い箱にされたのかはともかく。

通勤時間に関する調査項目はないのですが、どこから通ってるかという結果から推察できます。

東京市内から通う人が四〇パーセント。戦前の東京は八割以上が借家暮らし。だったら、家賃を払える範囲でなるべく会社に近いほうがいいに決まってます。戦後、通勤時間が飛躍的に延びたのは、マイホーム用の安い土地を求めて、都心から離れていった結果です。

市内といっても、昭和四年の東京市はまだかなり狭いんです。現在の品川、新宿、池袋《いけぶくろ》はいずれも市外の「郡」扱い。池袋なんて、乳牛を飼う牧場が点在してたことで有名なくらいです。とはいえこの年、新宿駅の乗降客数が東京駅を上回りました。東京の都市圏の拡大は、都心から郊外に向け、急速に進んでいたのです。

東京市外の郡部から通勤してた人は全体の五〇パーセント。市内の四割とあわせると、東京の中心部で働く人の九割は東京在住だったことがあきらかになりました。なんだかんだいっても、まだ戦前は、東京で働く人は東京に住むのが普通でした。

しかし戦前にも、県外からの長距離通勤者がいたことがわかります。なかでも多かったのは神奈川県からで、三・五パーセント。埼玉、千葉からの通勤者もいるにはいますが、さすがに全体の一パーセントにも満たない少数派です。

昭和八年に出版された『文化の大東京』なる東京ガイドには、東京駅までの通勤時間という項目があり、西は浅川《あさかわ》（現・高尾《たかお》）、南は神奈川県横須賀《よこすか》、北は埼玉県大宮《おおみや》、東は千葉県船橋《ふなばし》までの路線図が載ってます。

浅川から東京までは七二分、横須賀から六八分、大宮四三分、船橋三四分。どうやら昭和初期になると、東京まで小一時間かかる地域も通勤圏とみなされるようになってきたようです。

難色を示された時差出勤

それでもなんとか通勤地獄を解消できないかと、鉄道会社や学者たちは一〇〇年前から知恵を絞ってきました。

そのうちのひとつが、時差出勤の奨励です。みんなが一斉に同じ時刻に電車に乗るから混む。だったら分散させればいい。だれでも思いつくアイデアだけに、じつは戦前から提唱されていたことは、あまり知られてないかもしれません。

戦前の鉄道局は大工場や学校に対し、始業・終業時間を他とずらしてもらえないかと、昭和初期から働きかけてました。とはいえなかなか応じてもらえません。戦争に突入した一九四〇年代になってようやく、官庁や企業の協力で一部実施できたことが新聞で報じられてます。非常時でお上が国民の行動を統制しやすくなったからだと考えると、手放しでは喜べませんが。

戦後も一九六〇年代から時差出勤が盛んに奨励されたのですが、やはり実現は困難でした。会社ごとに始業時間がまちまちだと、取引先との仕事に支障があるというのがおもな理由でしたけど、そんなのいくらでも調整可能なはず。ホントの理由は、日本人が横並びをこよなく愛する国民だというだけのことです。全員揃って朝礼とラジオ体操をやることに執念を燃やす日本人。

定期運賃は上げる？　タダにしちゃう？

経済学者からは、定期代の過剰な割引きが混雑を招いているとの指摘が。たとえば観光地のホテルでは、客が多い繁忙期には宿泊料を高くして、シーズンオフには割引きします。それによって混雑を平均化させる狙いがあるのですが、苦情をいう人はあまりいませんよね。

なのに、鉄道はこの経済原則に反したことをやってます。一番混雑する時間帯の利用者のほとんどが、割引きされた定期で通ってます。しかもむかしの国鉄の定期割引率がまた破格で、七割から八割引きだったんです。JRの定期割引率は現在四割から五割引きなので、いかに破格の大バーゲンだったかがわかります。公共のためとはいえ、こんなむちゃしたら商売が成り立つわけがない。

経済原則にしたがえば、逆にラッシュ時の運賃を割り増ししなければいけないはずですし、そうすれば社員に交通費を支給する会社側が経費削減のため、積極的に時差出勤に協力したかもしれません——が、実現に到らなかったのは、当時まだ、ラッシュ時のみの定期運賃割り増しを実行する方法がなかったからです。いまなら自動改札とICカード定期券の組み合わせで実現可能ですけどね。

そんななか、とても刺激的な論考がありました。一九六七（昭和四二）年の『文藝春秋』九月号に載った、真逆の「通勤電車タダ論」。鉄道マニアのおっちゃんが飲み屋で理想を語ってたんじゃないですよ。なんと、当時国鉄副総裁だった磯崎叡《いそざきさとし》のマジメな提案です。

さすがに国鉄副総裁ともなると、あたりまえだけど国鉄全体の経営状態を数字で把握して、問題点を洗い出しています。先ほどの定期割引きの問題にしても、大都市圏の定期輸送人員は総旅客輸送量の五三パーセントに達するのに、定期運賃収入は総運賃収入の八パーセントにすぎない、と具体的。もしも戦後に国から指示された運賃抑制政策がなかったら、国鉄は自己資金だけで鉄道網の拡充ができたはずといいます。

ところが現実には、鉄道の整備は国鉄が借金してやっていたのです。なぜ国は、利用者がほとんど見込めない高速道路を税金でじゃんじゃん作るのに、はるかに公共性が高い鉄道整備に税金を使おうとしないのか、と政府を手厳しく批判しています。

その上で、国がもしも通勤用の鉄道を税金で整備して、国鉄に運営をまかせてくれるなら、通勤運賃をタダにしてもいい、そのほうが、借金まみれで設備投資をするよりも国鉄はトクだから。これが通勤電車タダ論の真意です。

通勤地獄が招いた暴動

東京をはじめとした都市部のサラリーマンが通勤地獄に苦しめられることになった原因は、日本にまともな都市計画がなかったせい。それに尽きます。

うろおぼえで申しわけないのですが、だいぶ前に建築関連雑誌で読んだ話。ある建築家が試算したところ、山手線の内側の住宅をすべて三階建ての共同住宅にするだけで、東京で働く人が全員住めるのだそうです。説の真偽は問題ではありません。この話のツボは、東京都心でいかにムダな土地利用が許されているかってところにあります。一戸建てを禁止するなどの都市計画を徹底すれば、みんなが長距離通勤から解放される可能性はあるよ、という大胆な提言でした。

土地の値上がりを抑制し有効活用するための政策案や税制案が経済学者などのあいだからいくつも出ていたにもかかわらず、戦後日本の政治家は、土地の転売で暴利をむさぼる連中を放置黙認し続けました。その結果、宅地も鉄道も場当たり的な開発しかできませんでした。郊外の山や森を切り崩して団地が造成されて一気に人口が増えたのに、そこと都心を結ぶ鉄道網が貧弱なままでは、通勤電車がめちゃめちゃ混むのは自明の理。

外国人からもヨク、ガマンシマスネ、と不思議がられた日本の通勤者たちでしたが、怒りが爆発したことがありました。俗に「上尾《あげお》事件」、「上尾暴動」と呼ばれる事件です。

埼玉県の上尾駅は、周辺に大規模な団地が造成されたことで通勤利用客が一気に増えました。乗客の増加に輸送量が追いつかず、もともと通勤地獄が慢性化していたのですが、七〇年代になると、国鉄職員による順法闘争――のろのろ運転、間引き運転などによる事実上のストライキが頻発し、さらに混雑が激しくなりました。

一九七三年三月一三日の朝、駅で電車が止まったまま動こうとせず、数千人の乗客が駅で立ち往生するに至り、怒った客たちが駅事務室に詰めかけます。それをきっかけに、日頃積もり積もったやり場のない怒りがついに爆発、大規模な暴動になってしまいます。駅設備や電車がかたっぱしから破壊され、ついには県警の機動隊が出動する騒ぎになりました。

しかし、金的を蹴られて倒れた拍子に頭を打った駅長が短期入院した以外、死者や重傷者は出てません。モノは壊せど人に重大な危害は加えてないところから、暴動を起こした人たちが自制心を失ってなかったことがわかります。

当時地元の団地に住んでいて、実際に事件を現場で目撃した舟越健之輔《ふなこしけんのすけ》さんのルポ『箱族の街』では、駅に火をつけようとした者を周囲の人たちが止めて火を消した様子や、駅長を助けたのも乗客の人たちだったことがつづられています。すでに駅の電話がすべて壊されていたため、倒れた駅長を駅前の理髪店まで運び、そこの電話で救急車を呼んだそうです。

暴動を起こしたといっても、みんな良識のあるサラリーマンです。彼らとて、同じ労働者としてストをやる職員の気持ちもわからんでもない。だけど、あまりに度重なったため、堪忍袋の緒が切れてしまいました。舟越さんによると、事件の前年一年間で団地住民の一割が転出してたそうです。普通ならありえません。通勤地獄にどれだけ耐えかねていたか。

そして残った住民たちのガマンも、ついにこの朝、限界を突破してしまったのでしょう。

通勤地獄はホントに罪なヤツ。

第九章　宴会LOVERS

忘年会・新年会・新年宴会

うき一年を忘れはべらばやとてぞ、忘年会はすなりといふ。
（建部《たけべ》綾足《あやたり》『古今物忘れ』）

『日本国語大辞典』に載っている、「忘年会」の最古の用例です。一七七〇年前後に書かれた本なので、少なくとも江戸時代のなかごろには、忘年会という言葉が普通に使われていたようです。もちろんそのずーっと前、一〇〇〇年、二〇〇〇年のむかしから、人間はなにかと理由をこしらえては、酒盛り、宴会をしてきました。

吉田兼好《よしだけんこう》の『徒然草』には、宴会で酒を飲めと強要してくる人は迷惑だと憤っている一節がありますし、明治時代の読売新聞にも、酒の席で返杯だの納杯だのと強要されるのは下戸には苦痛だと訴える投書が載ってます。オレの酒が飲めねえのか的なハラスメントをするヤツは、いつの時代にもいたんです。

「新年会」のほうは比較的新しい言葉で、登場するのは明治時代になってから。じゃあそれ以前、新年会はやってなかったのか？　まさか。のんべいたちが、めでたい年明けを祝うという絶好の酒飲みチャンスを逃すはずがありましょうか。一月は正月で酒が飲めるとバラクーダも歌っていたじゃないですか（四〇代以上の人しかわからないネタですいません）。

大正時代くらいまでは、新聞の記事や料理屋の広告文句でも「新年宴会」という表記のほうが多いんです。

新年宴会なんて言葉は聞いたことないよとおっしゃるかたも多いと思います。たしかに現在ではほとんど耳にしませんが、一九七四年一月の読売新聞に「新年宴会で刺殺」なんて正月早々物騒な記事見出しがあるくらいですから、新年会と新年宴会はけっこう長いこと共存してたんです。ちなみに忘年宴会という言葉は、なくはないけど、ほとんど使われてません。「ねんえん」って発音はしづらいから省略されていくのは自然な流れだけど、なぜ忘年と新年で差があったのかはナゾ。

戦前宴会あれこれ

いつものごとく朝日・読売両紙で、明治大正昭和の宴会についての記事を検索したのですが、今回、朝日はほとんど参考になりませんでした。朝日は宴会関連の記事自体が非常に少ない。明治時代から、朝日は良くも悪くもマジメなんです。やはりこの手の庶民文化ネタは、タブロイドっぽいニッチな雰囲気が持ち味だった戦前の読売が頼りになります。

一九二六年の読売（二・三）が報じた、宴会詐欺の記事。日本橋《にほんばし》の問屋のおかみさんに電話がかかってきます。料理屋の仲居を名乗る女は、おたくのダンナさんがこちらで組合の新年会をしているのですが、ごあいさつに紋付きの着物が必要になったとのことで、いま使いの者がそちらに出向きます。すっかり信じたおかみさんは、使いの者に着物を渡しました。で、ダンナが帰宅してようやくだまし取られたことに気づいた、と。着物が貴重だった時代ならではの犯罪です。

明治大正期の読売は、大阪から東京へ進出して勢力を拡大していた朝日へのライバル心を燃やしていたようで、大阪に対するうっすらとした偏見が記事の端々から顔を出します。一八九五（明治二八）年一一月二五日の「大坂紳士」という記事では、大阪人は貴賤《きせん》を問わず、宴会にいくと食べものの残りを「一片も残すところなく必ず折詰めとして持ち帰る」ことに東京人は一驚を喫すると、遠回しに無粋でケチだとディスってます。

大阪人はむしろ折詰めをもらうことを目的に宴会に行く。吸い物のつゆだけすすって具は持ち帰る。折詰めを持ってこっそり外に出て、待たせている車夫に預けてまた宴会に戻り、何食わぬ顔でもうひとつ折詰めをもらう——など、ホンマかいな、といいたくなる具体例がつづられます。

宴会関連の商売は、景気の波をもろに受けるのが特徴です。一九二五（大正一四）年九月七日の読売は、東京・本所《ほんじょ》で折詰めの木箱を代々作ってきた職人が不景気のために苦境に立たされていることをレポートしています。

宴会そのものの減少に加え、ちかごろは料理屋が折詰め容器を、値段の安いボール紙の箱で間にあわすようになったのが響いてます。自分は漬け物やつくだ煮の行商、奥さんは内職で糊口《ここう》をしのぎ、三代続いた折箱職人の仕事がなんの役にも立たなくなったとぼやくのでした。

六〇・七〇年代の狂騒

さて、ここで一気に時代を戦後の昭和に移します。

取引をしたい相手を招待し、芸者あげてパーッとやりましょう、みたいな映画「社長シリーズ」でおなじみの接待文化は一九五〇年代が全盛期だったかと思いきや、宴会ブームは六〇・七〇年代にかけて、さらに狂騒の度を増していたようなんです。

一九六七（昭和四二）年『週刊読売』一月二〇日号のレポートによると、この五年ほど前というから一九六二年ごろから、ホテルの営業収入に占める宿泊費と宴会費の比率が逆転したといいます。いまや宿泊費二に対して宴会費八が通り相場で、ホテルの宴会場はフル稼働。宴会の団体客を都心のホテルが奪ってしまったので、赤坂《あかさか》あたりの料亭や近郊のヘルスセンター（って響きもなつかしい）は悲鳴をあげているのだとか。

新社長就任披露だとか新製品の発売記念なんてのにひっかけて派手に宴会をやり、招待客と人脈を作る。そのために企業は交際費を湯水のごとく使い、社員も会社のカネで飲んでバカ騒ぎができるという、五〇年代の流行語で「社用族」と揶揄《やゆ》された企業文化が、日常業務として定着してしまったわけです。

宴会部長の憂鬱

飲み会が好きでしばしば幹事役を引き受ける人は、宴会部長と呼ばれます。本当の役職は部長じゃなくてもいいんです。社長シリーズでは三木《みき》のり平《へい》が、三度の飯より宴会が好きな営業部長を演じ、当たり役となりました。社長役の森繁《もりしげ》との絶妙な掛け合いや完成度の高い宴会芸を見ていると、なんとも楽しそうではありますが、あれはしょせん、プロの喜劇役者が演じる誇張されたコメディです。

現実に仕事として毎晩のように、接待宴会をやらなきゃいけないとなったら、いくら会社のカネで酒が飲めるといったって、ちっとも楽しくないだろうことは、想像にかたくありません。

現実の「宴会部長」のインタビュー記事が一九七〇年の読売にありました（六・二七）。某一流企業で宴会接待係をやっている――正式な肩書きは秘書課長代理なのですが、その人が匿名で苦労話を語ります。

ひとくちに宴会といっても、単なる懇親か重要な商談かで席順や料理などのセッティングが全然変わってくる。芸者を呼ぶ場合は、客の馴染《なじ》みをそれとなく調べて予約する。急に予定外の二次会が決まっても、赤坂・新橋《しんばし》のバーやキャバレーのボックス席をすぐに押さえられるよう、日頃から店に顔をつないでおかねばならない。ときには客の求めに応じて小唄《こうた》や手品のひとつやふたつは披露できるよう、仕込んでおく。帰宅はいつも二時三時。

タダ酒のご相伴にあずかれる役得をうらやましがられることもあるが、自分は生まれつきの下戸。しかしそれがさいわいした。もしも飲み助だったらとっくにカラダを壊してただろう。現に前任者は二度も胃の手術をした。

年に何億もの交際費を使い、そこまでやる必要があるのかと問われるが、宴会をやるとやらぬとでは、とくに役人と銀行の受けがまったくちがう。これも経営戦略の一環としてしかたがないと覚悟を決めて、秘書課員や営業部員は今夜も銀座《ぎんざ》・赤坂を駆けめぐる……。

もちろん自分も大学を出たときは希望に燃えて入社した。しかしこの仕事を熱心にこなすほど役員に重宝がられ、宴会一筋一三年。同期や同僚は第一線で実績をあげている。でも宴会をうまくやったってなんの実績にもならない。他部署への異動をずっと希望しているものの、その一方で、異動したとて、酒の相手で月給をもらってた者が帳面づけなんてできるのかと不安になる。

はぁ……。なんともやりきれぬ、サラリーマンの悲痛な叫び。なんだか、記事を読んでた私まで一杯飲みたくなりました。

戦前の宴会芸マニュアル

古来、酒の席が苦手な人たちが嫌うものがふたつあります。ひとつは、酒そのもの。もうひとつは、バカ騒ぎや宴会芸です。

とくにこの宴会芸・隠し芸の披露を強要されるというのは、社交的でない人たちにとっては拷問に等しい仕打ちです。

日本風の宴会は、不愉快に始まって、乱雑に終る。初めは区役所に出頭したるが如く、終りは癲狂院《てんきょういん》を見舞いたるが如し。

これは、明治三七年一一月二四日付の読売新聞コラムからの一節。むかしから酒宴のバカ騒ぎをシラケた目で見てる日本人はいたのです。

でもねえ。バカバカしいと吐き捨てて、群れずに強く生きられる人は、なかなかいないものですよ。たいていの人は、孤立を恐れ、無芸大食との誹《そし》りに脅え、つきあいの呪縛《じゅばく》から逃れられません。

そんな宴会芸の披露に悩む人のため、宴会芸マニュアル本は明治時代から存在してました。

明治四四年『宴会お座敷芸』のはしがきより。

　酒席に列して無芸大食は、野暮の骨頂。これ浮世の面白味を解せず、芸なし猿の不可趣味をして、直ちに大通粋人となるの秘法を御伝授いたすは本書の特色ならんか。

芸なしの猿もこの本を読めばただちに粋人とは、大きく出ましたね。どんな内容なのか、無粋なワタクシめが拝読してみます。

ページをめくるとまずは、義太夫、長唄、常磐津《ときわず》、清元、端唄といった邦楽の歌詞が並びます。でもこういうのって、歌詞カードを見たから歌えるってもんじゃありませんよね。芸達者な人なら、見よう見まねでやって笑いを取ることもできますが、普通はお師匠さんのところに通って習わなきゃ歌えません。

次に軽い手品のネタがたくさん載ってます。それに続くは、しょうもない一発芸の数々。たとえば、あおむけに寝た状態で額に水を入れた茶碗を置き、こぼさないように起き上がるというもの。「熟練さえすれば旨《うま》く出来る」って、そりゃ何事もそうだろうけど、そんなもの熟練するほど練習したくないですよ。

興味深いのが、みんなで楽しめるお座敷遊び。「ドンドンカッカ」は、「ドン」「ドン」と口でいい、「カッ」「カ」と手を鳴らすのを順番にやっていき、まちがえたら負けというルール。文章だけの説明なので具体的な絵が想像できないのですが、いまの若者がやってるリズムゲームのはしりじゃないですか。最近も斎藤《さいとう》さんゲームとか流行《はや》ってたでしょ。こういう遊び、明治時代からあったんですね。

大正六年『笑話百題　宴会余興』は小咄《こばなし》集。大黒様と恵比須《えびす》様が相撲を取ったら恵比須が勝つ。大黒の手には鎚《つち》（土）がついてるから。ま、こんな感じなんですけど、なぜかそれぞれの小咄のあとに、（ナール程……大喝采《かっさい》）（コレハ然《しか》り）（抱腹絶倒）などと、自画自賛の感想がついてるのが、小咄よりも笑えます。

昭和九年刊『宴会座興かくし芸』は、その後版元を変えて第三版まで出てるくらいだから、けっこう売れたのかな？　内容は、腹踊りとか尻《しり》文字とか、品のないものが増えてます。芸者が尻を突き出してゆるりゆるりと尻文字を書くのを読み取るのは「たとへんに物なし」、たとえようもないほどよいものだ、そうで。

この手の隠し芸マニュアルを読んだかぎりでは、時代が進むにつれて宴会芸は下品になっていったことがわかります。

社長は小唄がお好き

宴会芸マニュアルに歌詞が掲載されてることからもわかるように、むかしは邦楽が宴会芸の定番でした。なかでも小唄は大正末から昭和初期にかけて、そして昭和三〇年代と、二度もブームになるほどの人気芸だったのです。

むかしは、芸者あがりの粋なババアが下町の長屋で小唄教室を開いてたりしたものです。昭和六年の『婦女界』一月号掲載のお稽古《けいこ》事案内には、小唄は「ずぶの素人からお始めになっても、らくに上達いたします」とありますが、さすがに邦楽の基礎技能がない人が独学でマスターするのはむずかしい。なので、宴会芸を身につけたい人を中心に、小唄教室にはそれなりに需要があったのでしょう。

大正九年の警視庁統計から、歌や踊りなど遊芸一般の師匠が東京市内におよそ二〇〇〇人いたことがわかります。民衆娯楽を研究していた権田保之助《ごんだやすのすけ》によると、この数字はきちんと芸の道をおさめた師匠だけなので、片手間にやってるシロウト師匠まで加えたら相当な数になるはずだとのこと。ただし、権田はこのころ流行りはじめた小唄だけは完全無視。彼にとっては邪道の芸だったのかもしれません。

一九二四（大正一三）年の大阪では、みだらがましい俗謡がこどもたちのあいだにまで流行り、風紀上悪い影響を及ぼすとして、生徒に小唄を禁止するよう、各小学校長へ通達が出されました。ラジオでも毎晩のように小唄番組が流れるほどのブームだったので、こどもたちもみんな口ずさめるようになってたんです。

たしかに小唄は男女の恋愛が題材の色っぽい歌詞が多いのですが、やってる人たちは、これは情緒であってエロではないと反論します。

おそらく一番有名なのは、「梅は咲いたか、桜はまだかいな」ってヤツ。私はその曲くらいしか知らなかったので、小唄、長唄、義太夫、常磐津など邦楽の音源をひととおり聴いてみたものの……どれも同じじゃん？

Aメロ・Bメロ・サビみたいな現代音楽の構成に慣れた耳で邦楽を聴いても、どこで盛り上がってるのかわからないまま曲が終わってしまうんです。同じに聴こえるのもムリはありません。ルーツを調べると、もともとはすべて歌舞伎の伴奏音楽から派生したものなんです。

小唄はなかでも新参者で、江戸末期に庶民のあいだで流行り出しました。長唄などの伝統芸能は、一曲歌い上げるのに一〇分以上かかります。庶民がそれらのさわりの部分だけ歌うようになった俗曲から、端唄や小唄が派生していきます。要は、アルバムバージョンをシングルカットして、一分、二分で終わる軽いものにしたらウケたんで、オリジナルも作っちゃったよ、と。小唄は師匠も家元もない、庶民のシロウト演芸だったのです。

それが大正時代、江戸趣味を愛する通人たちが小唄を再評価したことで、にわか師匠がたくさん生まれました。家元がいないのをいいことに、みんな勝手に師匠を名乗り、アウトロー歌謡だった小唄に、いつのまにか権威が付与されたのです。みだらな歌詞だと小学校で禁止されてから一〇年も経たず、『婦女界』で「家庭娯楽として上品な長唄と小唄」と紹介されるほどになりました。

第六章では、社長の趣味について調べました。戦前の社長にも芸事好きは多かったけど、小唄でなく、義太夫や常磐津といった正統派ばかり。

小唄を趣味とする社長が増えたのは戦後ブームのときでした。昭和三〇から四〇年代の雑誌記事で趣味について社長にインタビューすると、一〇人にひとりくらいは必ず小唄と答えた人がいます。

不思議なのは、はじめたきっかけがたいてい同じパターンであること。先輩や世話になった社長などに「キミ、いまどき小唄のひとつもできないようではイカンぞ」ってな感じで小唄の師匠のところにむりやり連れて行かれ、しかたなくはじめたら、すっかり夢中に……という筋書きです。

なんでしょう、自らの意志で入門してガツガツはじめたってのは無粋だから、ムリヤリ誘われてハマったことにするのが日本の奥ゆかしい伝統なんですかね。ともだちの付き添いでオーディションに行ったら私がスカウトされました、姉が勝手にボクの履歴書をジャニーズに送ったのがきっかけで、みたいな？

一九七〇年代に入ると、庶民の小唄ばなれは急速に進みますが、なぜか社長さんのあいだだけでは、根強い人気が続いたようです。雑誌『財界』では八〇年代まで、企業の社長や会長が小唄の趣味を語るインタビュー記事が二年に一度くらいの割りで登場しています。他の雑誌で小唄が取りあげられるのは、『季刊邦楽』みたいな専門誌に限られるというのに。

エロとカオスの七〇年代宴会芸

一九七〇年代、社長さんたちが小唄という懐古趣味のとりこになってた一方で、社員たちの宴会芸は迷走しておりました。

六〇年代まではほとんど見られなかった宴会芸指南の雑誌記事や書籍が、七〇年代になると復活します。もうさすがに、小唄を習って宴会で披露するような時代じゃない。さりとて、オレたちは宴会でなにをしたらいいのだ？

一部の悩めるサラリーマンは、忘年会を前にして、隠し芸教室に通いました。その模様が一九七四年の週刊誌に写真入りで載ってます。

そんな教室に行く人なんかいるものかと半信半疑で取材した『サンデー毎日』（一九七四・一二・二九）の記者は、超満員の大盛況ぶりに驚きます。どこぞの大広間に集まった数十名のオジサンたちが、ワイシャツ・ネクタイ姿でドジョウすくいやおかめひょっとこ踊りの練習に精を出してます。

『週刊文春』（一九七四・一二・二三／三〇）の取材先では、かっぽれや阿波《あわ》踊りの講師の横に、なぜかビキニ姿につけヒゲの若い女性が二名。ヒゲの理由は、景気回復を願い、一万円札の聖徳太子《しょうとくたいし》にあやかった変装だそうで……。

他の雑誌でも、一二月になると宴会芸、隠し芸のアイデアが特集されてます。しかしそこで紹介されてる芸は、しょぼいかエロいかその両方か。

男女二人でやる二人羽織。女が前（顔を出すほう）で男が後ろからバナナを食べさせる。開いて置いた蛇の目傘のうしろに隠れ、デンデンムシムシの歌を歌う。ツノ出せヤリ出せのところでタイミングよく素足を出す。この芸自体は、戦前からある古典的お座敷芸なのですが、これをすすめてるのが、七三年の『女性セブン』（一二・一九）。女性週刊誌が、読者のOLさんにこの宴会芸をやれってのは、どうなのよ。

同じく女性誌の『微笑』（一九七五・一一・二九）は、男どもが股間をお盆で隠して裸踊りをするようなどんちゃん騒ぎの忘年会が憂鬱《ゆううつ》なOLに、今年は殻を破ってみよう！と焚《た》きつけます。で、おすすめしてるのが、下品な歌を歌うこと。「しおふき小唄」「金太の大冒険」「がきデカ恐怖のこまわり君」って、それ本気でいってます？　どんな歌か気になるかたは、検索してみてください。そして勇気のある貴女《あなた》は、今年の会社の忘年会で披露して、どんな空気になるか試してみてください。

カラオケは日本を救う

とめどなく下世話スパイラルに堕していく七〇年代の宴会に辟易《へきえき》していた無芸サラリーマンたち。しかし、そんな彼らに救いが訪れます。日本の宴会に革命を起こしたのは、カラオケの登場だったのです。

もともとカラオケテープは、音楽業界の現場スタッフだけが使っていたプロ向け製品でした。それを市販してみたらとの声があったので、じゃあためしに、とビクター音楽産業が七〇年代初頭に発売したら、いきなり五〇万本が売れる大ヒット。すぐさま各社が参入し、普及が加速します。

一般人のあいだで本格的なブームになったのは七七年ごろだったようで、そのころから雑誌が記事として取りあげはじめます。でも、この手の流行りの新アイテムが必ず受ける洗礼みたいなものですが、当初はカラオケに否定的な論調が多いんです。

「日本独自の閉鎖的な文化だ」「機械の伴奏などむなしい」「騒音公害」「流しやバンドマンが失業する」などなど。

三菱鉱業セメントの小林《こばやし》社長も、カラオケは味気ないと批判。まあ、社長さんは小唄だの民謡だのと懐古趣味だから当然だねと思ったら、大正製薬の上原《うえはら》社長は、まだ市販される前、プロの業務用しかなかった時代から手に入れて使ってたほどの、筋金入りのカラオケファンだったそうです。時代を先取りしてたんですね。

批判の声は最初だけ。まもなく日本人は、社長も社員もこぞってカラオケの魔力にひれ伏すことになるのです。

それを如実に示すのが、七七年一二月一五日号の『週刊現代』。「忘年会でスターになろう」と題し、カラオケでヒットソングを上手《うま》く歌うコツを手ほどきするグラビア記事なのですが、登場する人物に驚きました。

作家の中上健次《なかがみけんじ》が、スナックのカウンターの止まり木でマイクを握り、「昔の名前で出ています」を熱唱。政治家の鳩山邦夫《はとやまくにお》夫妻がピンク・レディーの「ウォンテッド」を振り付きで披露。漫画家の藤子不二雄《ふじこふじお》のお二人が、なぜか昼間の公園で、ビューティ・ペアの「かけめぐる青春」をとても楽しそうに歌ってます。

こんな企画にノリノリでカメラの前に立ってしまうくらいに、文化人たちもカラオケのとりこになってました。一般人があらがえるはずがありましょうか。

七九年の『週刊サンケイ』(一・一一)「財界に広がるカラオケ・フィーバー」からは、

堤清二《つつみせいじ》（西武）、佐治敬三《さじけいぞう》（サントリー）など名だたる企業の社長たちが、カラオケのとりこになり、自慢のノドを競っている様子が伝わってきます。

批判の声もあったものの、カラオケの登場によって無芸のサラリーマンが救われたのも事実です。カラオケはシロウトが歌いやすいようにキーなどを調整してあるので、多少のヘタはカバーしてくれます。ヘタでもとりあえず一曲歌っておけば、場をシラケさせることもありません。ＯＬさんも以前のようなセクハラ宴会芸に悩まされることはありません（デュエットの強要をセクハラと見るかは議論がわかれますが）。

かたくなにカラオケを批判し続けた有名人は、タモリさんくらいです。タモリさんは八〇年代になってもカラオケが日本の宴会芸を貧しくした元凶だと拒否し、赤塚不二夫《あかつかふじお》さんらと密室芸に磨きをかけてました。ろうそくショーだの、全裸に三つ揃えのチョッキだけを着て、あそこを股《また》のあいだにはさんではいまわる全裸オットセイなどという、テレビではとうてい放送できない芸を仲間内の宴会でやってたのです。

その時代のタモリさんは、まさか三〇年後、ＮＨＫの番組で「河岸段丘が」とかマジメに語ってるだろうとは想像もしてなかったことでしょう。

第一〇章　出張は続くよどこまでも

ビジネスホテルのルーツ

なにかのルーツを確定する――じつはこれが文献調査のなかでも、もっともむずかしいんです。なぜなら、たとえ調査対象となるもの（こと）がすごく古い文献に言及されているのをみつけたとしても、それより古い文献に記されているかもしれないし、記録にないだけで、じつはもっと以前から存在していた可能性も否定できないので。

分野でいうと、ルーツを特定しにくいのが食品関連。この料理を最初に作ったのはうちの店だ、いいや、うちのほうが先だ、と元祖・本家争いが続いている例はあちらこちらで見られます。

私が以前手をつけたけど裏が取れずに棚上げしたのが、シベリアのルーツ。カステラでようかんをサンドした菓子パンですけどご存じ？　あれをいつだれが最初に作ったのか、発売したのか、特定できる史料をみつけられませんでした。

意外かもしれませんが、もっとメジャーなメロンパンでさえ、いまだルーツは特定されてません。「諸説あります」の状態で足踏みしたままで、決定打となる証拠が出ないのです。

シベリアもメロンパンも、商品そのものだけでなく、その名前をだれが命名したのか、そこもまた謎なのが興味深いところです。ものの名前って、同時多発的にいろんな人がひらめいて、広まってしまうのですかね。


ビジネスホテルのルーツを自称してるのは法華クラブです。江戸や明治のむかしから、街道筋や駅前にあった格安の商人宿。これを近代的な宿にしたのが、一九二〇（大正九）年京都駅前に開業した「法華倶楽部」だった、というのが定説とされてます。

この事実自体にケチをつけるつもりはありません。ただ補足するなら、大正時代の法華倶楽部は文字通り、京都の寺院を巡拝する日蓮《にちれん》宗の宗徒のための宿でした。昭和二年に建てた新館が、安宿ではあたりまえだった相部屋制をやめてすべて個室にし、チップ不要、均一料金でだれでも泊まれる画期的なホテルだったので、厳密にいえばこれをもってビジネスホテルの祖とすべきです。

ただし、「ビジネスホテル」という名称を最初に名乗ったのが法華クラブだったかは、ちょっと怪しいんです。というのは、一九六三年一二月の『商店界』が法華クラブを取材しているのですが、記事中にビジネスホテルという言葉はまったく出てきません。記事では、旅館とホテルの折衷タイプの「リョテル」に分類しています。リョテルなんて業界用語は一般の人にまったく認知されませんでした。五〇年前の人たちもダサいと思ったんでしょうね。

一九七〇年の『実業の日本』（二・一）で法華クラブの専務が、オリンピックの年（一九六四年）にビジネスマンホテルというキャッチフレーズを思いついて使いはじめたと回想しています。彼らが名乗ったのはあくまで、ビジネスマンホテル（もしくは「ビジネスマンのホテル」）であって、ビジネスホテルではありません。

今回探したなかで最古の用例は、六四年八月二七日号の『週刊日本経済』でした。しかしこれは梅田《うめだ》の新阪急ホテル開業についての記事なんです。記事中でも記事見出しでも、ビジネスホテルという言葉が繰り返し使われてます。

ということは、マスコミがビジネスホテルという言葉を普通に使いはじめていたにもかかわらず、このときまだ法華クラブは「ビジネスマンホテル」を称していたわけです。ビジネスホテルという言葉は法華クラブの発案ではなく、同時多発的に生まれて広まったと考えるべきでしょう。

言葉のルーツなど、どうでもいいことだ？　それもそうです。なにしろビジネスホテルという言葉が和製英語なので外国人には通じません。七四年に発足した業界団体、全日本ビジネスホテル協会もとっくのむかしに気がついて、全日本シティホテル連盟に改名しているのですから。だけど必要最低限のサービス・清潔な個室・低料金がウリのビジネスホテルの登場により、サラリーマンの出張が大きく変わったことはまちがいありません。

出張のルーツはお役人？

さすがに出張のルーツとなると、つきとめることは不可能でしょう。おそらく、古代の朝廷の役人とか……なんでしょうね。

明治から戦前昭和にかけての記録をほじくり返すと、何々省の役人がどこそこへ出張した、なんて、おもしろくもなんともない報告がほとんどです。

これが戦後になりますと、役人のカラ出張問題が週刊誌の定番ネタとなります。毎年三月の年度末近くなると、役所や省庁が年度の予算を消化するために、役人が無意味な出張を繰り返しているという批判は、一九五〇年代から繰り返し雑誌に登場します。企業なら出張費も自分たちの儲《もう》けのうちから出しますが、公務員は国民や市民の税金で行くわけだから、批判の声が高まるのもムリはありません。

しかし批判の声など馬耳東風。七〇年代後半になると、民間企業がオイルショック後の不景気で、出張費用の涙ぐましい削減努力をしてたというのに、役人は民間平均よりも数千円も高い日当を手に新幹線のグリーン車で出張していると報じられます（『週刊サンケイ』一九七九・一〇・二五）。

一九七五年には、熊本に出張中のはずだった自治省係長が、小倉《こくら》在住の浮気相手とドライブ旅行をして山口県で交通事故を起こし、女性が死亡する事件が起きました。しかしなぜかこの件を取りあげたのは週刊誌だけで、新聞各紙はほぼスルー。『週刊文春』（一九七五・七・三一）は、自治省と新聞社の馴《な》れあいによる報道規制じゃないのかと突き上げています。

　とはいえ、役人だけを責めるのはいかがなものかと。一九七四年に兵庫県の坂井《さかい》知事が、職員の出張に奥さんを同伴させることにしたらどうかと提案したところ、テレビや新聞雑誌が特集を組んで賛否が議論されるほどの盛り上がりを見せました。羽を伸ばせなくなると悲痛な叫びをあげる夫たちに対し、出張で羽を伸ばす必要などないと反撃する妻たち。これだけ議論になったという事実が、官民問わず、出張に浮気がつきものだった事実を物語ります。さらにいうなら、ダンナの出張中に奥さんが浮気したのがバレて家庭崩壊なんて例もあったわけだし。

　ところで兵庫県知事の提案ですが、出張に同伴する奥さんの旅費は自腹だとわかると、現実的な奥さまたちはすぐさま反対に回ったとのこと。

出張で浩然の気を養う戦前サラリーマン

　出張に関する史料を年代順に並べていたら、ある傾向に気づきました。昭和のサラリーマンは、出張に関しては口を揃えて「むかしはよかった」といってるんです。とりわけ戦前の出張はよかったと懐かしむ声は非常に多いんです。

交通手段の発達・進化によって旅情がどんどん失われていったというのが理由のひとつ。これには賛否がありまして、現在では、新幹線や飛行機などで日帰り出張できるなら泊まりがけよりも面倒がなくていいとする調査結果も多いようです。それに加えてちかごろは、増加した外国人観光客でビジネスホテルが満室となり、急な出張での宿の確保がむずかしくなった事情が、さらに日帰り出張を後押ししているともいえましょう。

しかし、むかしを懐かしむ真の理由は、出張によるこづかい稼ぎがやりにくくなったことにあったのです。

時代が進むにつれて物価は上がるのに、出張経費はどんどん切り詰められてきました。むかしのサラリーマンにとって、出張はある種のボーナス、臨時収入のチャンスだったのです。とくに戦前の大企業は、出張費に関してどんぶり勘定だったようで、定額前渡しでけっこうな額を支給してました。なので社員は費用を節約すれば差額でふところがうるおったというわけ。

会社が列車の二等車の乗車賃をくれたら、三等車に乗って差額をせしめるなんてのが定番のやりかた。ただし戦前の三等車は、床にバナナの皮や吐き捨てられたタンが散らばり、赤んぼうのオムツが干されているといった壮絶な状態だったので、その環境に耐える覚悟とこづかい稼ぎを天秤《てんびん》にかけねばなりません。

源氏鶏太《げんじけいた》は『一等サラリーマン』で「戦争前までのサラリーマンの出張は、たいへん結構なものでした」と振り返ります。一日一〇円の旅費をもらえたけど全部使い切ることはめったにないから手元に二、三円は残る。だから「出張を命ぜられると、誰もホクホクしたものです」。一か月くらいの長期出張ともなると、月給分くらい手元に残ったといいます。

「もちろん、同僚はそのような金満家を放っとくわけはありませんから、よってたかって奢《おご》らされました……ケチな奴は、奢るかわりに自分の洋服を新調したりしていたので、嫌われました」(以降、戦前文献の引用は表記を現代かなづかいに変更しています)

昭和一一年の『実業之日本』(九・一五)にも、「平素は薄給で動きがとれぬ者でも、一寸《ちょつと》遠くへ出張するとなると、すぐもう前渡しの旅費の一部で洋服一着ぐらいは新しく出来るのが、アタリマエになっている」とあります。

昭和三年刊『続サラリーマン物語』でも「年がら年中、テーブルにかじりついて、山手線の電車みたいにぐるぐる同じコースを繰り返していては、変化を求めてやまぬ人間性がただちに倦怠《けんたい》を催してくる。そこに出張という息抜きがあって、浩然の気を養う機会が与えられることは、まことにもってありがたい極みである」と説きますが、出張の楽しさは、仕事の内容にもよるようです。

ラクなのは視察が目的の出張で、これは報告書さえきちんと書けばいい。でも、なにかを売ってこい、買ってこいと命じられると、結果を出さねばならないのでなまやさしいことではない、とまあ、これはいまでもうなずける話。しかし、女工や鉱夫など、人を集めてこいって課題がもっともむずかしいというくだりは、ネットで求人できてしまう現在ではあまり聞かないかもしれません。

人跡未踏の開墾地に行き、不景気で困っている百姓に声をかけたり、鉄道工事が終わったばかりの現場に駆けつけ、仕事が一段落した朝鮮人の人夫をもらい受けて炭鉱の鉱夫として連れて行くなんてのは、「その仕事のいわゆる下品なことお話に相成らぬ」とこぼします。大学を出て就職したのに、人買いみたいなまねをしなくちゃならないのは沽券《こけん》に関わるとでもいいたいようで、露骨に差別的ではありますが、大量の肉体労働者を必要とした炭鉱が基幹産業だった時代ならではのサラリーマン物語。

落とし穴注意

カンちがいしないようお願いします。戦前の出張が夢のように恵まれていたのは、大手企業、一流企業だけ。中小企業ではそんなお大尽な出張費は出せません。要するに戦前の日本は超格差社会で、財閥や一流企業は儲けを独占してたから経費もふんだんに使えたってことです。

戦後は企業の出張費管理がきつくなりました。定額前渡しをやめ、近距離ならあとで精算、遠距離なら一部仮払いで後日精算なんて方式を採用する会社が増えて、世知辛くなったもんだと嘆く声も聞かれます。

とはいうものの一九五〇年代までは、まだまだ戦前のゆるさは健在だったようです。

七〇年代の雑誌で、某企業の常務が、平社員だった五〇年代の出張を回想しています。大阪に出張したものの、飲み過ぎて予算から足が出てしまったので悪知恵を絞ります。大阪在住の友人からデパートの領収書をもらい、取引先に舶来洋酒の詰め合わせを送ったことにして経理に提出。精算を楽しみに待っていると、経理課長が笑みを浮かべながら彼の元にやってきました。

「大阪のデパートでは、婦人服売り場で洋酒を売っているのか?」

「は？」

「デパートの領収書には符号がついていて、どこの売り場で発行したか一目でわかるのだ」

　完全犯罪が打ち砕かれてうなだれる犯人。すると課長は「それくらいの常識はおぼえておきたまえ」と肩をポンと叩《たた》いて去り、見逃してくれたそうです。

　一九五九（昭和三四）年の『実業之日本』（四・一）出張特集記事でも、しばらく出張がごぶさただった社員が九州に出張を命じられ、これで二万円は浮くから8ミリカメラが買えると喜んでいます。

「特に遠い出張ほど喜ばれる。……女房から出来るだけ遠くへ逃げられるからでもある。……酔っ払って宿へ帰っても女中は愛想よく迎えてくれる。いずれにしても、女房の傍を一週間も離れられるだけで満足だ」

　この記事を書いた記者は、よっぽど家で奥さんに虐《しいた》げられていたのでしょうね。

　なにはともあれまだこの時期は、出張にうまみがありました。この特集記事では、出張の失敗例や落とし穴も紹介し、読者諸氏に注意をうながしてます。

　出張先での商談が思いのほかうまくいったところまではよかったが、まだ宿をとってないことをポロッともらしたのが運のつき。相手の社長が上機嫌で地元の一流旅館に案内してくれちゃいました。せっかくの厚意を断るわけにもいかず、出張費の差額でホクホクどころか、予算オーバーした宿代は泣く泣く自腹、帰りの列車を二等から三等車に格下げした、なんて悲劇も。

新幹線は感心せん

このように五〇年代の雑誌には、出張の楽しさを伝える記事があふれてました。出張先での夜のお楽しみ、地方の歓楽街の案内記事もたびたび紙面に登場します。なのに、これが七〇年代になりますと、軒並み悲観的な論調の記事ばかりが目立つようになります。

六〇年代の日本に、いったいなにが起きたのでしょうか？　サラリーマンの出張を天国から引きずりおろした地獄の使者、その正体は、新幹線だったのです。

一九六四年に開通した東海道新幹線は、それまで特急で六時間以上かかっていた東京・大阪間を、およそ三時間に短縮しました（開業一年目は四時間）。まさに全国民が待ち望んだ夢の超特急であります（↑むかしのニュースフィルム風に読むと気分が出ます）。

一九六三年発行のある出張マニュアルでは、鉄道での日帰り出張ができる距離は二〇〇

〜三〇〇キロが目安とされてます。つまり常識的には、東京・名古屋《なごや》間が日帰り出張可能な最長距離とみなされていたのです。

東京から大阪への日帰りは、それ以前の特急でも可能は可能でした。六六年に法華クラブが調査したところでは、東京のサラリーマンの四一パーセントは新幹線開業以前にも大阪に日帰り出張してたと回答してますけど、かなりの強行軍になります。新幹線が東京・大阪間の日帰り出張をがぜんラクにすると期待されていたのです。

同調査の結果からは、むしろ大阪の企業に大変革をもたらしたことがわかります。新幹線開業以降、大阪に日帰り出張する東京の人は四九パーセントと、そんなに増えてないのですが、大阪から東京への日帰りは、二〇パーセントから四四パーセントへと、急増しています。

ところが多くの七〇年代サラリーマンにとって、新幹線は夢の超特急どころか、悪評の的だったのです。

「新幹線に、航空機の発達……なまじ交通機関が整備されたため、昔のようなノンビリ出張はできなくなった」（読売新聞　一九七〇・七・八）

「ダレが〝夢の超特急〟なんて名づけたのだろう。……『新幹線はサラリーマンの敵である』という人は圧倒的に多いのである」
「三人席ではさまれて三時間……まるで護送列車だな」
「むかしは仕事プラス旅だったけれど、いまは仕事だけ。デスクごとはこばれてる感じですよ」（以上、『週刊文春』一九七〇・一〇・二六）

新幹線の日帰り出張で旅情を奪われたばかりか、この数年後にはオイルショックによる不景気が追い打ちをかけます。企業が出張費に大ナタを振るうと、もはや浮いた出張費でホクホクどころか、逆に足りない分を持ち出すハメに。

さらに七五年には、新幹線が博多《はかた》まで延長され、東京・博多間が六時間五六分で日帰り可能な距離に。嬉《うれ》しいニュースのはずなのに、朝日新聞（三・四）は「のんびり出張夢物語に」の見出しのもと、悲観的なトーンで報じます。読売新聞（三・一一）は、福岡の広告営業マンが新幹線を利用した東京への日帰り出張に挑戦した様子を同行取材しています。

朝、六時一九分のひかりに乗り東京へ。三時間ほど取引先をまわり、五時のひかりでトンボ返り。なんと不運なことに途中地震で停車したため、博多到着は予定より一時間ほど遅れた午前一時。体力には自信があると豪語していた二九歳の若手もへとへとになりました。

七〇年代のセコい出張節約術

出張がおいしいものだったなんて話は、七〇年代にサラリーマンになった世代にとっては、すでに先輩・上司の昔話でしかありませんでした。いまの若手社員がバブル期の話を聞かされるような感じですかね。

それでも目先のカネのこととなると熱心に知恵を働かせるのが人間の業。七〇年代のサラリーマンも、みみっちく出張費節約にはげんでました。そのいじましい様子を雑誌記事の証言からどうぞ。

午後から出張に出掛けても一日分の日当と宿泊費が定額支給される規定を利用して、夜行で行きますと会社を出る。しかし実際には翌朝の始発で発つ。これで日当と宿泊費数千円を浮かせるという裏技。

鉄道に詳しい人は、国鉄のミニ周遊券を利用しました。東京から大阪への出張時に、京阪神ミニ周遊券を使うと、それだけで急行乗り放題になるので、あえて新幹線を使わず急行に乗り、これまた二〇〇〇円ほど浮かせたのだとか。

携帯電話が存在せず、長距離の電話代が高額だった時代なので、「会社への報告は極力、取引先の電話を使う。最初は借りるのに勇気がいりますが、慣れれば平気です。サラリーマンは厚顔でなければ生きていけませんからねえ。もちろん電話代は、帰ってから会社に請求します」と、このあたりからセコさが際立ってきます。

「ビジネスホテルに泊まったことにして、深夜営業のサウナで寝る」これもセコいけど割り切ればアリですか。

「二人で出張するときは、一流ホテルのシングル部屋をとって、一人はベッド、もうひとりは床に寝る。一流ホテルの床はふかふかの絨毯《じゅうたん》が敷いてあるのでけっこう快適。このやりかたは契約違反だけど、一流ホテルは人の出入りが多いからフロントもいちいちチェックできない」なんか雲行きがあやしくなってきましたよ。

「ホテルのフロントにタバコ代を握らせて、三〇〇〇円の部屋に泊まったのに五〇〇〇円の領収書を発行してもらう」立派な犯罪です。

「こちらより弱い立場の取引先に出張のキップを用意させ、会社から支給された旅費はまるまるフトコロに入れた」この人はバレて会社をクビになりました。

企業のコンプライアンスなんてのがキビシくなった昨今では、会社員が不正をすることはだんだんむずかしくなってきました。みみっちい不正は昭和を懐かしむ笑い話となりつつあります。

しかし、ちょっと待ってください。領収書の偽造、カラ出張による交通費の詐取……こういう事例をいまだにちょいちょいニュースで耳にしませんか。それをやってるのは、会社員でなく地方議員や地方の首長なんです。つまり会社員がやらなくなったセコい不正の手口を、地方の政治家はいまだに習慣として続けてるってこと。サラリーマンが平成の時代変化のなか、もがきながら進んでいるというのに、地方議員はいまでも昭和の倫理と論理で生きてます。

第一一章　こころの病とサラリーマン

現代人のこころは弱くなったのか

一〇〇歳でもカクシャクとしている老人を見ると、やっぱりむかしの人は丈夫だねえ、などと感心しがちです。でもそれは、その老人と同世代の人たちのほとんどが早死にしていた事実を無視した印象論にすぎません。たまたま丈夫な人が運良く生き残ってるだけなので、彼らをむかしの人の「標準」と考えるのは誤りです。最近の海外の研究では、いまのこどもたちは半数くらいが一〇〇歳まで生きるのではないかとする予測もあるほどで、人類はむかしよりも確実に強く健康になってるんです。

「身」のほうはデータなどで検証できますが、「心」はなかなか客観的な数値にできません。反証しにくいのをいいことに、現代人はこころが弱くなったと決めつける暴論があとを絶ちません。

ちかごろでは災害や事件が起きるたびに、「こころのケア」の重要さが叫ばれますが、「むかしはこころのケアなんてしなかったけど平気だったじゃねえか。いまのヤツらの精神は軟弱なんだよ」と苦々しく思ってる人もいます。

若手社員が過労自殺をしたことで企業責任が問われると、「われわれが若手のころはもっとモーレツに働いていたけど自殺なんてしなかった。いまの連中は甘やかされすぎだ」と企業側の肩を持つ人もいます。

これまでたくさんの現代史史料を参照するなかで、私はひとつの確信を得ました。人間は一〇〇年くらいでは基本的に変わらない、変われないんです。だから、むかしの人たちのこころや精神が強かったなんて見かたも絶対まちがってるだろうな、と思い、調べてみました。

明治大正時代の新聞には、開業医の広告がたくさん載ってます。そのなかには、神経衰弱の治療を看板に掲げる病院がかなりあるんです。このことだけでも「こころのケア」の需要がたくさんあったことがわかります。

というわけでこの章は、サラリーマンとこころの病について歴史をひもときますが、あらかじめおことわりしておきます。私は精神医学の専門家ではありません。うつ病などの細かい所見や分類についての知識はありません。過去の診断や治療法が医学的に正しかったかどうかの判定は専門家におまかせします。あくまでも、こころの病が一般社会でどうとらえられてきたかという、文化史的な検証をしていきます。

神経衰弱と明治の文化人

戦前には、こころの病や神経症は一般的に、「神経衰弱」と総称されました。神経症、うつ病、神経衰弱といった医学用語は江戸末期からすでに存在し、佐久間象山《さくましょうざん》は勝海舟《かつかいしゅう》に宛てた書簡のなかに、「神経症に相成、食気も一向に乏しく」と書いてますけども、こんな言葉を使ってたのは学者や医者だけ。一般の人が知るようになったのは、明治後期から大正時代にかけてのことです。

当時の新聞雑誌では、時代の変化や治安の悪化、激烈になる一方の生存競争などをおおげさに説いた上で、急増した神経衰弱やヒステリーを現代病、文明病である、とする紋切り型の説明が目立ちます。大正一三年『中央公論　臨増』六月号の記事は内務省統計をひき、明治三九年に二万四〇〇〇人だった精神病患者は大正四年に四万二〇〇〇人に倍増したことを文明病の根拠としてますが、この時期の日本は人口も急増してましたので人口比で計算しなおすと微増くらいです。文明の発達によって精神病そのものが増えたというよりは、それまで陰の存在だったものにスポットライトが当てられるようになったというのが実情でしょう。

神経衰弱に悩まされた有名人といってまっ先にあげられそうなのが、夏目漱石《なつめそうせき》。イギリス留学中の明治三三年に症状が悪化したようですが、明治四〇（一九〇七）年、大学を辞して朝日新聞社の専属作家になった際の「入社の辞」（五・三）では、大学講師の給料はとても安く、家族を養うために数校の講師を掛け持ちせざるを得なかった過労が神経衰弱の原因だと述べてます。ちなみに大学では講義中に近所で犬が吠《ほ》えることが不快でたまらなかったそうで、自分の講義がまずかったのはそのせいだから、不平のある学生さんは犬にいってくれと、落語好きな漱石らしい洒落《しゃれ》っ気もうかがわせます。

明治三二年の読売新聞（四・二九）には、尾崎紅葉《おざきこうよう》が『金色夜叉』の連載を休載していることを詫《わ》びる一文があります。読者から催促や批判などたくさんいただくが、神経衰弱という病ゆえに致しかたござりませぬと、恐縮しきりなご様子。

同じく読売、明治四二年六月一八日付の記者コラムでは、文部省に出入りする新聞記者たちの雑談として、新渡戸稲造《にとべいなぞう》の神経衰弱を話題にしています。原因はなんだろうとみんなで話していると、ある記者が、西洋人を奥様にしてる人は奥様孝行をしなきゃならぬので、たいがい神経衰弱になっていると珍説を唱え、一同大笑い。

実際のところを、新渡戸本人が『実業之日本』(一九〇九・七・一五)で語ってます。新渡戸も漱石と同様に、大学での過労を語ります。講義中に倒れそうになるのを、茶やコーヒーを飲んで神経を興奮させながら乗り切っていたというのだから、相当無茶してたんですね。

ところが診察したベルツ医師からは、過労や多忙は原因ではないといわれます。対人関係の心配や不安こそが、感情を傷める真の原因なのだとのことですが、さて、どうなんでしょう。過労は無関係なんですかね？　発病のきっかけにはなるんじゃないかと思いますけど、それは私のシロウト判断なのでしょうか。

国民病か文明病か

文化人ばかりではありません。一般市民にも神経衰弱に悩む者はいました。明治四二年、交番の巡査に過労から神経衰弱になる者が続出と新聞が報じます。当時は二四時間勤務と全休を一日おきに繰り返していたそうで、これはキツそうです。明治四四年には中学での野球ブームが過熱、生徒が練習のしすぎで神経衰弱に。大正一二年には東京市内の小学教員の三分の一が毎年病気で退職・休職しており、神経衰弱と内臓系の病気を併発する例が多数。昭和七年には大宅壮一が東北の大飢饉《ききん》を取材して、凶作地の主婦が貧しさと過労からほとんど神経衰弱になっていたことを伝えています。

戦前の中・上流サラリーマンを読者層としていた『実業之日本』には、神経衰弱に関する記事がちょいちょい登場します。当時のサラリーマンにとっても、こころの病はかなりの関心事だった証拠といえましょう。

最初の記事は明治三九（一九〇六）年の新年号に掲載された「神経衰弱予防法」。日露戦争直後なのは偶然ではないはずです。戦時中よりも戦後に神経症患者が増えることは、多くの医師が報告していますから。

明治四〇年には十五銀行の園田《そのだ》頭取が、神経衰弱の体験談を書いてます。経営者が自身の神経衰弱を公表することはあまりありません。プライドなのか経営に差し障りがあるからなのか隠すことが多いなか、これは珍しい例です。

園田が最初に神経衰弱になったのは日清戦争のあとでした。戦争中は横浜正金銀行の頭取として徹夜続きの激務をこなしてもなんともなかったのに、やはりその間、心身ともにダメージが蓄積していたらしく、戦後処理を終えた途端にダウン。銀行を辞めて療養したのちに復帰したけれど、今度は日露戦争中の心労から、またぶりかえしたそうです。

大正から昭和初期にかけては、医学博士が神経衰弱についての連載をはじめたり、ちょっと怪しい民間療法（静座法、お灸《きゅう》など）や患者の家族の心得なんてものまで登場し、記事の量は増えていきます。

しかしその一方で、「国民的神経衰弱論」「神経衰弱時代に寄す」など、医学的な知見と無関係な社会文化論も多く見られます。近年は国民の抵抗力が衰えた、人間が甘やかされてきたからだ、家族制度の崩壊が神経衰弱増加の原因だ、なんて主張は戦前からあったんですね。いまだに聞こえてくる気がしますけど、ソラミミでしょうか。

大正一〇年五月一日号の「国民の神経衰弱を如何《いか》にすべき乎《か》」はそういった珍説の集大成ともいえる記事なのですが、筆をとったのが実業之日本の増田《ますだ》社長ってのが、なんともやるせない。世紀末への不安、とどまるところを知らぬ性欲、若い婦人の派手な衣裳《いしょう》と化粧、激化する受験戦争、賭博《とばく》のごとき投機熱、これらすべてが日本人の神経衰弱を増やした原因である、ってんだからもう、はいはい、さようですか大変ですね、としかいえません。

むしろこの論の次に載っている、店員の勤務時間短縮についての記事に興味を惹《ひ》かれます。私は『「昔はよかった」病』で、一九五〇年代の商店が住み込みの店員を長時間労働させていたブラックぶりをあきらかにしましたけど、大正時代から体質は変わってなかったようです。日の出から深夜一時くらいまで働かされて休みは月に一、二回。そんな待遇に不満を持つようになった店員たちが、日本各地で労働争議を起こします。そりゃ争議でも起こさなければやってられないでしょ。自分ひとりで抱え込んだら神経衰弱になってしまいかねません。

神経衰弱からノイローゼへ

戦後も引き続き、こころの病や神経症を総称する神経衰弱という言葉は使われていたものの、一九五三（昭和二八）年ごろに「ノイローゼ」という新語が登場し、五五年くらいにかけて流行語となりました。しかも一過性の流行で終わらず、この言葉は日本人のボキャブラリーとしてすっかり定着してしまいます。

新語といいましたけど、ノイローゼという医学用語は一八世紀からありました。戦前の日本人がほとんど知らなかったと思われる用語が戦後に流行《はや》ったのは、漢字よりも横文字をカッコイイとみなすようになった風潮にハマったからでしょうか。またたくまに「神経衰弱」は「ノイローゼ」に置きかえられていきました。

ノイローゼの流行とほぼ同時期に、「ストレス学説」も紹介されていたのですが、こちらはノイローゼほど話題になりません。ストレスが流行語になるのは、まだ先の話。

流行語となることで、医学的な診断と無関係に、なんでもかんでもノイローゼにされてしまうようになりました。世論ノイローゼ、日曜ノイローゼ、値上げノイローゼ、電話ノイローゼ、入れ歯ノイローゼ……。イヤなもの、不快なものに悩まされるとすべて○○ノイローゼと呼んでしまうようになったため、真剣に苦しんでいても、そんなのは単なるノイローゼだよ、などとウオノメやささくれのようにあしらわれてしまいます。

モーレツ時代がやってきた

五〇年代から六〇年代にかけて、さまざまなノイローゼが原因とされる自殺、殺人、一家心中などの記事が引きも切らず新聞紙面で報じられる一方、サラリーマンの神経衰弱やノイローゼを取りあげる雑誌記事は減りました。サラリーマンのこころの病は快方に向かったのでしょうか。

なにしろ時代は高度成長期。敗者を憐《あわ》れむヒマなどない。サラリーマンは明るい未来だけを信じ、売上至上主義に邁進《まいしん》するのでした。

五〇年代、学校の運動部での「しごき」は、何件もの死亡事故につながったにもかかわらず「伝統」として擁護されました。六〇年代後半になるとその伝統は会社にまで波及、新入社員の研修が自衛隊体験入隊や山寺での座禅など、しごきや特訓の様相を帯びてきます。

そして一九六八(昭和四三)年、高度成長は「猛烈社員」ブームで頂点を迎えます。六九年、丸善石油が「Oh! モーレツ」とパンチラCMを流してたころ、モーレツ社員がやっていたモーレツ研修にマスコミの注目が集まります。そのひとつ、『諸君!』一〇月号に載ったシャープのセールスマン研修の模様は、阿部牧郎《あべまきお》さんが小説家ならではの視点から読み応《ごた》えのあるレポートにまとめてます。

当時シャープには、アトム隊というエリートセールスマン集団が存在しました。アトムとは、アタック・チーム・オブ・マーケットという剣呑《けんのん》な和製英語の略で、阿部さんもセールスマンというより「オレは昨日網走《あばしり》から出てきたんだ、買わねえかこの野郎」的な押し売りイメージに近いと印象を語ります。

彼らは年二回、高台のホテルに一〇日から半月のあいだ泊まり込みで研修を受けます。早朝六時半、ホテルの前庭に白ハチマキを巻いて集合し、胴間声での点呼、国歌斉唱、ラジオ体操。こどもの頃に軍隊式の教練を受けていた世代の阿部さんは、参加せずに見守るだけの自分が非国民になったような錯覚すら覚えます。

続いて彼らが一斉に、「やればできる。やらねばならぬ訪問販売」と大声で連呼しはじめるのに至って、みんなアホらしくないのかと正直な感想を抱きつつも、さすがに口には出しません。

夜には大広間に集まって、不振店を立て直した事例の解説など、講義が行われます。意外とまともな研修をしてることに逆にガッカリする阿部さんに、研修を仕切る隊長が「モーレツブームとかで興味本位に書き立てられて迷惑している。このくらいの訓練は珍しくもないし、隊員はみんなやる気にあふれている」と自分たちがまともであることを強調してきます。

しかしその後、隊員の生の声が聞きたいとインタビューを申し込むと、あらわれたのはいかにも模範的な五人の隊員と、お目付役の主任が二人。何を聞いても、「やり甲斐《がい》があります」「毎日が充実しています」と定石通りの答えしか返ってこないのでした。

阿部さんはレポートをこう締めくくります。彼ら「企業戦士」の特攻隊も、やがてこの時代をふり返って、救いがたい虚脱におちこむことがあるのだろうか。

モーレツからノイローゼへ

その虚脱は、予想外に早くやってきました。日本中の企業を席巻するかに思われたモーレツブームは、ものの一、二年で下火になっていきます。

その兆候は、ブームがはじまった六八年ごろすでにありました。読売新聞の東京中央版は、東京法務局や区役所の人権相談に最近ヘンな訴えが激増していると報じます（一九六八・五・一四東京中央）。「同僚たちから〝オマエはすでに死んでいる〟といわれるが、そんなことはないはずだ。生きていることを証明してほしい」

このかたが、のちに世紀末バイオレンスマンガの作者と……ならないですよ。窓口の担当者が数時間かけて生きていることを説明して帰したそうで、落語の「粗忽《そこつ》長屋」みたいな話ですけど、笑っちゃいけませんよね。高度成長期のまばゆさの陰で目立たなくなっていたものの、競争社会に疲れてノイローゼになるサラリーマンは静かに増殖を続けていたのです。

そしてついに日本のサラリーマンは、モーレツブームをきっかけとして壊れはじめました。一九七〇年あたりから、それまで影を潜めていた雑誌のノイローゼ記事が復活します。七〇年に富士ゼロックスのテレビCMは「モーレツからビューティフルへ」と提案しましたが、残念ながら現実はモーレツからノイローゼへ向かってしまいました。

「一方でアメリカ的シゴキではたらかされ、もう一方では日本的義理人情の人間関係を強要される。二重のセメ苦にあっているわけでこれでノイローゼにならなきゃオカシイですよ」。七〇年『週刊文春』(一二・七)「エリート・サラリーマンにしのびよる精神公害」での精神科医の分析です。

大学生の病気だった五月病が中年サラリーマンにも見られるようになったと報じる『週刊朝日』(一九七一・五・七)。

電電公社（現NTT）の保健係長は『週刊ポスト』（一九七〇・一二・一一）の取材に、ノイローゼの社員は統計的にも増えていると明かします。社員がどんな病気で治療を受けたかの統計で、昭和四二（一九六七）年からはノイローゼがトップになったのだとか。

七〇年からの第二次ノイローゼブームでは、原因としてのストレスと、その解消法にも注目が集まります。七三年九月二八日号『週刊ポスト』のグラビア記事は、各社で行われている社員のストレス解消法を紹介。アパレル関連企業の女子寮では、「上役サン」と書かれた洋裁用のトルソをOLが棒でひっぱたいてます。あまりのすさまじさに初代トルソは破壊され、写真は二代目。自動車販売会社の男子寮にはパチンコ台が並んでます。別の自動車メーカーの屋上では、ウレタン製の棍棒《こんぼう》で殴りあうスポーツチャンバラのような競技をやってストレス解消に役立てています。

企業に進出した精神科医

じつは「過労死」という言葉が読売新聞の記事見出しとして最初に登場したのも一九七〇年でした。七〇年というのは、日本のサラリーマンにとってひとつの転換点だったのかもしれません。

「うつ病」はもちろんむかしからありましたし、言葉としては知られていましたが、一般向けのメディアで盛んに取りあげられるようになるのは八〇年代以降です。七〇年代までは医学・医療雑誌でしかお目にかかれません。

医学誌以外で早々にうつ病を取りあげている珍しい例があります。『中央公論　経営問題』というビジネス誌の特集記事（一九七一・一二）。大企業で勤務医・嘱託医として働いている精神科医たちがサラリーマンのうつ病の現状を詳しく語っています。

戦後まもないころは、公務員や会社員の長期欠勤者といえば結核がおもでした。しかし一九六〇年ごろからは精神病のほうが多くなったので、対策が必要と考えた企業が精神科医と契約するようになったそうです。

医師の一人が興味深い分析をしています。企業の創成期には、既成の枠にはまらない野武士的な社員が必要とされる。ところが企業が大きくなると、枠にはまってくれる優等生的な人間が多く採用されるようになる。型破りな人間よりも、律儀で良心的な優等生のほうがうつ病になりやすいから、サラリーマンのうつ病が増えたのではないか、と。

なるほど。高度成長期はイノベーションの時代だったような印象がありましたけど、じつはすでにイノベーションを起こす型破りな人材は求められていなかったのだとなると、高度成長のイメージがちょっと変わります。

職場の上司が、「おれも苦しいときがあったんだ、おれはこういうふうに切り抜けてきたんだ、だからおまえもそうやれば切り抜けられる」と画一的なやりかたを押しつける指導は、自分と性格が異なる部下をますますだめにする、と医師に批判されてます。だとしたら人材を枠にはめるモーレツ特訓は、目先の利益を上げた反面、結果的に人も企業もだめにして高度成長の終焉《しゅうえん》を早めたとも考えられます。

ある医師は企業の人事担当者から、新人採用時に精神に障害がありそうなものを振るい落とす方法はないかと聞かれたそうです。医師は「ないよ」と突っぱねました。べつの医師は企業側にこう助言しました。人間がたくさん集まって精神病患者が一人も出なかったら逆にお化け企業だ。私が責任を持って診断・治療するから精神病患者が出てもびっくりしなさんな。

元気でなければダメですか

「過労死」という言葉が広まったのは、一九八二（昭和五七）年、過労死した社員の遺族が会社に起こした訴訟で和解が成立し、過労死への賠償がはじめて認められてからのことです。

「うつ病」や「うつ」が頻繁に使われるようになったのは、八四年にうつ自殺が労災認定されたことで注目が集まったのがきっかけだったようです。

一般市民が神経症全般をイメージする言葉は、神経衰弱からノイローゼ、そして、うつへと変わりましたが、変わったのは言葉だけ。戦前から現在まで、いつの世にも、こころや精神を病む人はいたのです。

一九二三（大正一二）年一一月一日号の『太陽』には医師の佐多芳久《さたよしひさ》が、関東大震災のあと恐怖症や神経衰弱に悩まされる人が急増したことを書いてます。

太平洋戦争中には千葉県の市川《いちかわ》に、戦争神経症にかかった兵士を専門に治療する病院が存在し、累計一万人以上の患者を治療していたことがわかっています。しかし、皇軍には戦争で精神を病むような軟弱者はいないというイメージを守るため病院の存在は公にされなかったのです。敗戦時には陸軍からカルテの焼却命令が出されたそうですが、病院側が密《ひそ》かに保存していたため記録が残されたのでした。

むかしの日本人も決して強かったわけじゃありません。大災害や戦争といった恐ろしい経験をすれば、ＰＴＳＤのような症状になっていたんです。むかしはそういう人たちの多くが見捨てられてただけ。

私は最近よく耳にする「日本を元気にしたい」ってスローガンが嫌いです。元気にしてどうすんの？　元気にならなきゃいけないの？　元気かどうかなんて主観的な気分の問題だから、見かたによってどうとでもいえるじゃないですか。高度成長期の日本人はみんな元気だった、みたいなイメージで語られますけど、見かけの元気と裏腹に、ノイローゼになってた人もたくさんいたんです。逆に、外見は地味でおとなしいけど、こころは元気って人もいたでしょう。

だいたい、「日本を元気にしたい」とかいってる人たちは、「元気にならなければいけない、元気にしなければいけない」と強迫観念にとらわれてるわけで、彼らこそが「元気ノイローゼ」なんじゃないかと心配になってしまいます。

第一二章　知られざるビジネスマナーの歴史

上司に「ご苦労さま」は失礼なのか？

ある日、人事課長の浦島太郎《うらしまたろう》さんが社長室へ入っていくと、社長の桑原《くわはら》さんはモーニングを着込んでいた。

「おや、今日は何かあるんですか？」

「市会議員の山田《やまだ》君の息子の仲人をたのまれて、今日が結婚式なんだ」

「そりゃア御苦労さまです」

（源氏鶏太《げんじけいた》『三等重役』）

いま現役のサラリーマンが読んだら、「おや？」と目をとめる個所です。みなさんはきっと新人のころ、部下が上司に向かって「ご苦労さま」とねぎらいの言葉をかけるのは失礼なので、「お疲れさま」といいましょう、とマナー教育を受けたことでしょう。

でも『三等重役』が書かれた昭和二六（一九五一）年の時点では、課長が社長を「ご苦労さま」とねぎらうのは普通で、マナー違反という考えはなかったのです。

それを裏づける調査もあります。平成一七（二〇〇五）年に文化庁が実施した世論調査で目上の人への「ご苦労さま」を容認したのは、二〇から四〇代では一〇パーセント前後しかいません。この世代には、それがマナー違反であるという「常識」が浸透しているのです。しかし五〇代は一四・三パーセント、六〇代以上では二〇・二パーセントと、年代が上がるにつれて目上へのご苦労さまを容認する割合が増えてます。

この調査時点での六〇代以上というと、昭和二〇から三〇年代に社会人になった人たちです。若いころ日常的に使っていた言葉なので、マナー違反という感覚は薄いのでしょう。

実際、「いつから上司にご苦労さまっていっちゃいけなくなったんだよ？」といぶかしむかたもいます。そう思うのも当然です。変わらない「型」をみんなで共有・実践することにマナーの存在意識があるのだから、ちょいちょい変わっちゃったらマナーの自己否定になってしまいます。

じつは、「ご苦労さま」を目上から目下へのねぎらいとする常識にも、疑問が投げかけられてます。複数の国語学者が、江戸時代の文献ではむしろ目下から目上への使用例が多いことを指摘してるといったらビックリしますか。いまとはまったく逆だったんですよ。

倉持益子《くらもちますこ》さんの論文では、明治時代には目上にも目下にも使えたのに、大正時代あたりからだんだん目下への使用例が増えたことがあきらかにされてます。倉持さんは、当時軍人や警察官がよく使っていたことから「ご苦労」にイバってるイメージがつき、目下への言葉と誤解されるようになったのではと推測します。

ところで江戸時代の「ご苦労さま」は庶民階級の言葉です。武士や殿様は、そもそも使ってません。殿が家臣にかけるねぎらいは、「大儀」です。大儀であったぞ、なんて感じで。

「お疲れさま」はチャラい流行語

「お疲れさま」の正体についても疑惑が浮かんでます。二〇一一年の日本経済新聞（一〇・一六）に掲載された評論家川本三郎《かわもとさぶろう》さんのコラム。ご自身の回想記『マイ・バック・ページ』が映画化されることになり、撮影現場を訪れた川本さん。舞台となってるのは一九七〇年代の新聞社なのですが、先に帰る先輩記者に、居残っている後輩たちが、「お疲れさま」と声をかけるシーンが撮影されていて驚きました。当時の新聞社では、お疲れさまなんて言葉は使ってなかったと監督に告げると、監督も驚いて、そのシーンのセリフを変えてすぐに撮り直したそうです。

小さいことなのに撮り直しになるなんて、悪いことしちゃったなと川本さんは恐縮してますけども、いえ、時代考証という観点からは大事なことだと思いますよ。目上の人には「お疲れさま」というべきだ、とするビジネスマナーは、八〇年代に広まった比較的新しいルールであり、日本語の乱れといっても過言ではない、チャラい流行語なんです。その点にほとんどの人が気づいてないことこそが、伝統文化の軽視です。

なぜ「お疲れさま」がチャラい流行語なのか？　それはもともと芸能界だけで使われていた業界用語的なあいさつであり、一般社会ではほとんど使われていなかった言葉だから。

ギロッポンでナオンとシースーみたいな？　そこまで下品ではないかな。

川本さんに先駆けること三〇年前、一九八〇年の雑誌『人と車』二月号で、NHKのアナウンサー川上裕之《かわかみひろゆき》さんも同様の経験を語ってます。七八年の朝ドラ『おていちゃん』のリハーサル現場で、大正時代の人物が「お疲れさま」といってるのはまちがいだとディレクターに忠告し、セリフがその場で修正されました。後日そのことを明治生まれの女優、長岡輝子《ながおかてるこ》さんに話したところ、あなたは正しい、お疲れさまは芸人の楽屋言葉で、一般の人が使うようになったのはごく最近だと認めてくれたとのこと。

演出家の八田《はった》元夫《もとお》が戦前（一九三九年）に書いたコラムでも裏がとれました。一般社会とは異なる演劇界だけの習慣として、夕方でも夜でも楽屋入りしたときには「おはようございます」、幕が下りたあとには「おつかれさま」とあいさつを交わすことを紹介し、言語学者には叱られそうだな、と自嘲《じちょう》します。

雑誌記事で確認してみると、たしかに一般の文献では、七〇年代くらいまで「お疲れさま」はめったに出てきません。五九年三月号の『小説倶楽部』に京都の撮影所でスチールカメラマンをやってる男の話があって、芸能界では、さようならとかおしまいの意味で「おつかれ」を使うと説明されてます。六〇年代『放送文化』の「おつかれさま」、七〇年代『週刊平凡』の「ハ～イお疲れさま！」はいずれも、テレビ撮影現場のこぼれ話をまとめたページのタイトルとして使われてます。

ということで、「お疲れさま」というあいさつは芸能界から一般に広まったものとみなして、まず間違いないでしょう。でもじつは一般の人たちも、目上・目下に関係なく使えるねぎらい言葉を待ち望んでいたのです。上下関係を気にしなければならない「ご苦労さま」よりも使い勝手がよかったこともあって、八〇年代の日本人は、待ってましたとばかりに「お疲れさま」に飛びつきました。

その一方で、ビジネスマナー講師たちのとまどう様子もうかがえます。

八六年『ビジネスマナー事典』では、ご苦労さまもお疲れさまも本来目下に使う言葉だとして（その認識もまちがいなんですが）、あえて使うなら「お疲れさまでございました」と丁寧にいいましょうと勧めるも、ムリヤリな感は否めません。

ベテランマナー講師の坂川山輝夫《さかがわさきお》さんも八八年『仕事に生かすキー・トーク３００』で、目上にはお疲れさま、同僚と目下にはご苦労さまが一般的だと折れてしまいました。でも社内で統一されているのなら、目上にご苦労さまといってもかまわないと若干、旧世代の意地を通そうと抵抗しています。

そんな抵抗もむなしく、二〇〇六年、なんと政府の文化審議会までが、目上にはお疲れさまを使うよう勧めるとお墨付きを出したのでした。芸能界の符丁にすぎなかった「お疲れさま」は国民的マナーへと成り上がりました。

ところが近年では、お疲れさまの乱発が逆にマナーを逸脱してるのではないかと懸念の声が聞かれるようになりました。午前中、その日最初に会ったのに、若手社員から「お疲れさまです」とあいさつされた、なんて経験はありませんか？　まだ疲れてねえよ！　どんだけよぼよぼジジイだと思ってんだよ！　てか、午前中なんだから「おはようございます」でいいじゃねえか！　なんもいわずに会釈だけでもかまわねえよ！　なんなんだ、お疲れさまって！

熊本大学の登田《とだ》龍彦《たつひこ》さんは早くも二〇〇四年の論文で、学生たちが朝から「お疲れさまです」とあいさつしてくる奇妙な現象を報告しています。若者たちにとっては、お疲れさまはねぎらいの言葉ではなく、感情を伴わず敬意を払える機械的なあいさつなのです。その世代の学生はもう実社会で活躍していますから、よのなかに無意味なお疲れさまがあふれるようになったのも不思議ではありません。

ご苦労とお疲れに、もっとも頑強に抵抗してたのが、八三年刊『敬語で恥をかかない本』の草壁焔太《くさかべえんた》さん。ねぎらいというのは目上の者が目下の者にする行為なので、上司にねぎらいの言葉をかけてはいけない。ゆえに、目上に対するご苦労さまもお疲れさまも全否定。自分の仕事のことで上司が奔走してくれたなら、「ありがとうございました」「お手をわずらわせました」などというべきである。上司をねぎらうゆとりがあるなら、自分がもっと働け。

かなり居丈高な印象もありますが、スジは通ってるんですよね。そもそもねぎらいとは、がんばったねー、えらいねー、と上から目線で相手をほめる行為なので、目上の人はねぎらうな、って硬派なマナーにも一理あります。マナーって、めんどくさいですね。

ニトべのキモチ

前置きのつもりで書きはじめた「ご苦労・お疲れ」論がずいぶん長くなってしまいました。あらためて意味や来歴を考えると、あいさつ言葉ひとつとっても、ビジネスマナーはむずかしいものだと再認識していただけたのではないでしょうか。

それが簡単に思えるとしたら、なにも考えずに「型」として踏襲してしまってるからです。ところが先ほどから検証しているように、時代環境の変化や人間の都合によって、マナーのほうが変わってしまう事態がしばしば起こります。
毎年のように、ことしの新人はマナーも常識もわかってない、って批判が聞こえてきますけど、それ、あたりまえなんですよ。マナーの常識のほうがいつのまにか変わってしまうのだから、新人にわかるはずがありません。マナーは毎年毎年、新人に教え続けねばならない宿命を持っているんです。

という私の考えは、とっくのむかしに指摘されてました。明治四〇年に第一高等学校(東大教養学部の前身)の校長だった新渡戸《にとべ》稲造《いなぞう》が『中央公論』八月号に寄せたコラムを要約するとこんな感じ。

ちかごろ時勢を憂う人は、むかしに比べて青年の気風が悪くなった、品行がおおいに乱れたと述べるが、僕は若者の品行はだいたいにおいてよくなったと思う。新聞に学生の醜聞が目立つのは、新聞が細かいことまでたくさん報じるようになっただけで、学生が堕落した証拠ではない。いまは町人でも百姓でも学生になれて人数が増えたから、そのなかにカスがたくさんあるのも当たり前で、それは日本社会が進歩した徴候なのだ。行儀作法が乱れたのは確かだが、畳の生活から椅子や机の生活に変わったことで礼儀作法も変わったのに、庶民の多くがそれを教わってないせいである。

さすが新渡戸です。日本屈指の知識人である新渡戸を『武士道』なんて愚論のみで評価しないでください。印象論・感情論に流されず、事実に立脚してものごとを理知的に分析しようとする姿勢にこそ、新渡戸の真価があるのです。とはいえ、この小論は客観的な理屈に徹してるわけではなく、行儀作法はお互いの人格に対する尊敬の念を示すものだから、瑣末《さまつ》な形式ではなく、こころが大切だ、とわりと常識的なことを述べてます。

大正と戦前昭和のマナー本を読んでみた

ビジネスマナーの解説書は、サラリーマンが登場した大正時代からすでに存在しています。初期の一冊、大正二年刊『新説処世大鑑』は、精神論が幅をきかすこの時期のマナー本にしては珍しく、かなり具体的な記述が多いのが特徴。ためしに、激怒している相手への対処法を説くページを開いてみましょう（引用個所は、現代語の表記に変更してあります）。

相手が名題の気短で烈火の如く怒り殴らんばかりの気勢を示したとき、もしくば頭に天保《てんぽう》の黴《かび》がはえて心が石のように固まった頑固おやじががみがみと怒鳴りつけるとき、受け身のほうのこれに対する唯一の良法は、黙聴である。些《いささか》の抵抗の気を示さず、ご無理ごもっともでわが腹の虫を殺し、我慢するのである。

どうです？　むかしからキレて暴力をふるう不条理な客や上司は存在し、その対応にみんな手を焼いていた様子が伝わってきますね。それが漢語混じりの文章で書かれると、歌舞伎のワンシーンを見ているかのようでカッコよく思えてしまいます。相手の怒りが静まるまで、黙ってただ耳を傾けよという対応は、きっといまでも通用するのでは。

大正一一年の『中央公論』七月号には北川完三《きたがわかんぞう》の興味深い指摘があります。東京の中流以上の人々が使う敬語は明治になってから複雑になったというんです。彼がこどものころに教えられた敬語は、「〇〇してください」「〇〇してくださいまし」だけでした。それが明治以降は、「〇〇していただきとう存じます」「〇〇遊ばしていただきたいのです」などさまざまなバリエーションが増えてわかりづらくなったとご立腹。以前のように単純な敬語に戻すべきだと主張します。北川の認識にどの程度客観性があるか不明ですが、標準語が明治時代に人為的に作られた事実を考えれば、敬語もムリヤリ作られた可能性を否定できません。

『新会社員学』（昭和五年）は立教大の教授伊藤重治郎《いとうじゅうじろう》が、就活学生と新入社員向けに書いたガイドブックです。履歴書の書きかたや面接のノウハウなどを、学生に語りかけるような口調で丁寧に解説しているところに教育者としての熱意と愛情を感じます。

なかでも実業界の作法と心掛けを説く章には注目点が盛りだくさん。だれかを訪問するときは、事前に電話で都合を聞いてから出掛けるのが礼儀だとします。電話という新技術が会社関係に急速に普及したことで、訪問時のマナーもアップデートされたのです。

あいさつをしろ。時間を守れ。このふたつは、大正時代から現代まで、どのマナー本にも必ず書いてあります。逆にいうと、あいさつをしないヤツ、時間にルーズなヤツは時代を問わず存在しますし、永久にいなくならないってことです。

興味深いのは、伊藤はこどものころ、あいさつをしろと親からしつけられたおぼえがないと書いているくだり。一五歳でよその家で寝起きすることになったとき、その家の人から朝はおはようといいなさいとはじめて教えられたといいます。

戦前はこどものしつけがきびしかったというイメージをお持ちのかたが多いと思いますけど、実際にはこどものしつけに無関心な親もかなり多かったのです。その証拠に戦前の新聞雑誌書籍でも、ぶしつけなこどもの行動に腹を立て、親はなにをやっとるんだ！と憤る意見は普通にたくさん見られます。

就職後、意地の悪い上司の下に配属されたらどうするか。この普遍的な悩みにも真摯《しんし》に回答しています。根性が小さく働きがないために、その地位を保つに汲々《きゆうきゆう》として、部下の功績を自分ひとりの功績に見せようとする……そんな上司はどこにでもいて、きみらの先輩たちも苦しんできたのだよ。

そんなときは自分ひとりで煩悶《はんもん》せず、早く僕に相談しろと伊藤はいいます。社会経験のない若者には誤解や思いこみも多いから、信頼できる年長者に聞けば、案外簡単に解決策を見出《みいだ》せることがある。それでもだめなら、しばらくは辛抱だ、となんだかミもフタもない結論になってしまいます。でもまあ、親身になってくれる年長者がいてくれるだけでも、若者にとっては心強かったことでしょう。

戦後エチケットの夜明け

ここまで普通に「ビジネスマナー」という言葉を使ってきましたが、この用語が世間に広まりはじめたのは一九六〇年代末ごろから。完全に定着したのは八〇年代です。戦前はもちろん言葉自体存在しませんし、戦後から六〇年代までは「ビジネスエチケット」という呼びかたが主流でした。

一九五〇年の『文藝春秋　臨増』一二月号に、朝ドラ『とと姉ちゃん』で久々に注目を集めた花森安治《はなもりやすじ》が「エチケットの戒め」という記事を書き、八ページにわたってさまざまな事例をイラスト付きで並べています。そのなかにオフィスエチケットの項目もちょっとだけあります。私用電話をするな、女の子の前で猥談《わいだん》をするな、机に脚をのせるな、といった戒め。

女性が和服でガムを嚙《か》むのは見苦しい、なんてのは独特な着眼点です。なにからなにまでエチケットの教科書どおりにふるまう男がいたら、そいつはたぶんよほどのバカか大ウソツキだ、とマナー至上主義への皮肉も忘れません。

日本経営者団体連盟が出した『職場のエチケット』は、五二年の初版から五〇年代末まで版を重ねるロングセラーとなりました。おそらく新人研修などで利用する企業が多かったのでしょう。内容は、いまのマナー本と比べたら、かなりざっくりとしています。

若い女性向けの五六年刊『職業の選び方』。試験の成績がよく人物が立派でも、片親のために就職できないことが世の中にはずいぶんありますという個所からは、ひとり親家庭に対する社会的偏見がいまよりずっと強かったことがうかがえます。

五九年の『現代ビジネス・エチケット』はビジネス書の老舗ダイヤモンド社が手がけた

だけに、具体性・実用性が類書のなかでも群を抜く決定版といってもよい出来です。

冠婚葬祭の記述も充実しています。会社代表として告別式に行ったら故人のうわさ話はつつしめ。「二号さんがいたらしいぞ。さっき焼香して泣いてた年増《としま》じゃないか」なんておしゃべりを親族に聞かれたらまずい……。ゲス不倫どころか、地位のある男が普通に妾《めかけ》を囲っていた時代ならではのエチケット。

巻末にはビジネス書出版社としての取材力を活かし、大手企業のエチケット規定集を抜粋して掲載しています。この当時から、イラストでわかりやすく説明したりと、各社とも知恵を絞っていた様子がうかがえます。住友銀行の店頭接客マニュアルの「つっけんどんではいけない」。つっけんどんって言葉、しばらくぶりに聞いたなあ。

七〇年代は、エチケットからマナーへ

六〇年代は、新入社員の研修が大がかりで組織的になっていった時期にあたります。六三年の東京商工会議所調査によると、むかしから現場で下積みをさせるのが普通だった中小企業でも、一九六〇年以降は新人研修を行うところが増えたとのこと。ナマイキな新人が増えたといわれた六〇年代だったから？　いえ、人間性の問題ではなく、単純に採用人

数が急増し、各現場レベルだけでの対応が難しくなってきたということでしょう。

「モラルが高まれば、モラールも高まるが、モラールが高まれば、モラルも高くなる」なにこれ？　禅問答か？　六三年刊『新・幹部社員読本』、若手を指導する側のマニュアルからの一節ですが、モラールというのは、やる気・士気・勤労意欲を意味するフランス語だそうです。会社の幹部がフランスかぶれというのもねえ。カラオケでシャンソンとか歌っちゃうのでしょうか。

六七年一月号『婦人公論　暮しの設計』は一冊ほぼまるごと、現代マナーの大特集で、礼儀作法を意味する外来語が「エチケット」から「マナー」へ移行しつつあったことがうかがえます。

病気見舞いのマナーの項目を執筆したのは、当時、聖路加国際病院の内科部長だった日野《ひの》原重明《はらしげあき》さん。あなたの動機は不純ではありませんか、と意表を突く問いかけをしてきます。他人の病気を利用して、恩や顔を売ろうというつもりなら、診療のジャマだから見舞いに来ないでほしいと、義理や虚礼のビジネス見舞いに、医者の立場から苦言を呈してます。

七〇年代に入ると雑誌でもビジネスマナー関連の記事が増えてきます。七三年の『週刊アサヒ芸能』（五・一七）には「こんな女子社員はぶん殴れ！」と、おだやかでない見出しが。実際に殴りかたのコツを伝授してるわけじゃありません。敬語どころか、ですます調のていねいな言葉すら使えず、仕事では手抜きばかり、そんなＯＬをこきおろしてオジサンたちが鬱憤《うっぷん》を晴らす記事です。

一流企業の新人マナー教育を取材した七二年八月三一日号の『週刊現代』記事は、最近の若手社員は葉書ひとつ満足にかけない、廊下で肩がぶつかってても失礼のひとこともいえない……とお決まりの惹句《じゃっく》ではじまります。再三いってるように、それは「最近」のことじゃありません。サラリーマンが誕生した一〇〇年前から、若手は仕事もマナーも満足にできないものなのです。だって、若手だから。

記事では各社のマナー指導法として、三越が明治時代から使い続けているマニュアル「三越小僧読本」や、新日鉄の「オハヨウ運動」などを紹介しています。朝、会社に出勤したら、すれ違う人全員におはようとあいさつしよう、と専務が提唱し実践しているというのですが……この手のこども扱いとも思えるような教育は、四〇年以上も前からやってたんですね。

マナー本のベストセラー

七三年には山口瞳《やまぐちひとみ》の『新入社員諸君！』がベストセラーに。マナーのマニュアル本としてというよりは、読みものとして楽しめる一冊だから売れたのでしょう。

四七歳の課長心得（課長補佐みたいな役職）がイヤなヤツだったとする。そいつは大正生まれで、戦争でいろんなものを失った。昇進は遅れ、いまの新人が自分のときよりずっと多い初任給をもらってることが腹立たしい。定年が迫ってくるのにまだ家も建たない焦り。こんな人間のことも理解してやってくれ——そういわれちゃったらもう、笑うしかありません。

忘年会、新年会、社員旅行、自社製品の社員割引き制度は、日本の会社のバカバカしい慣習だからやめたらどうだ、とけっこう過激でリベラルな発言も飛び出します。社員割引きをやめろというのは、普通に店で買ったほうが自社製品の宣伝と売上に貢献できるという理由から。

アメリカ人の工場労働者はお茶一杯飲まずムダ話もせず働くのだから、アメリカ人の給料が高いのは当然だ、という記述だけは、持ち上げすぎで納得できません。この時期たまたまアメリカの景気がよかったってだけじゃないですか。

でも、この時期の日本——というか山口瞳くらいまでの世代の日本人は、まだ欧米コンプレックスが強いんです。勤勉な欧米人を見ならえ！　日本の街はゴミだらけだが欧米はきれいだ。欧米人の公共マナーを見ならえ！　そんな意見が目立ちます。

山口瞳とほぼ同世代の鈴木《すずき》健二《けんじ》さんが一九八二年に出した『気くばりのすすめ』は三〇〇万部を超えるマナー本のオバケヒットとなりました。

そもそもビジネスマナー本にはエセ文化論が混入していることが多いので、真に受けないよう注意する必要があります。欧米では人前で化粧をするのは売春婦説（これは日本人による作り話です）や、メラビアン博士の論文内容とまったく異なる「メラビアンの法則」、ヴィクトリア女王が客に合わせてフィンガーボウルの水を飲んだ話、そして江戸しぐさなど、マナー本とマナー講師が都市伝説や歴史捏造《ねつぞう》の感染源となってる例は数知れず。『気くばりのすすめ』も例外ではないどころか、出所の怪しい逸話だらけで、トンデモ本に分類される作品だということだけは申し上げておかねばなりません。

一例をあげると、「すみません」はあやまってるわけじゃなく、私の心はいままで澄んでいたのにあなたにこのようなことをしていただいてかき乱されております、どのようにお礼をしたら元のように澄むでしょうかという意味である——などと、国語学的にも民俗学的にもデタラメとしかいいようのない、わけのわからぬ珍論を自信たっぷりに披露するので、鈴木さんの良識を疑ってしまいます。

案の定といいますか、戦後日本人はダメになった、というおなじみのお題目も繰り返し唱えられてまして、じゃあ鈴木さんが手本にすべしと称賛してるのは何者かというと、戦国武将と欧米人なんです。欧米人のマナーは素晴らしい、マクドナルドとケンタッキーフライドチキンも素晴らしい、って、これ私が冗談いってるんじゃないですよ。ホントに本気で書いてあるんです。とにかく鈴木さんは欧米大好きなんです。

このあとアメリカの工業は衰退し、日本人が勤勉すぎてわれわれの仕事を奪ったのだ、と的外れな日本叩《たた》きがはじまりました。かたや日本では、戦後の日本は欧米の個人主義の影響でダメになったのだ、と根拠のない欧米文化批判が台頭します。どっちもどっちですね。頭の悪い人が自分の不幸を他人のせいにしたがるのは、万国共通なようです。

過熱するビジネスマナー業界の行方

国会図書館の蔵書検索でビジネスマナー関連の本を探すと、それまで毎年五冊程度しか出てなかったのが、八七年に一六冊、八八年は二七冊と、この時期、急に増えたことがわかります。

なぜなのでしょう。新聞報道などからその背景を検証すると、理由が見えてきました。六〇年代から社員研修を重ねてきたことで確立したノウハウを活かし、八三年ごろから、社員研修を請け負う会社が増え出したのです。

自社で独自の新人教育をするよりも、専門の研修業者に外注したり、社外セミナーを利用したほうが効果的で安あがりだということで、中小企業は以前から利用していたのですが、そのメリットに気づいた大手企業からも、じょじょに引き合いが増えていきます。

どうやら、八六年に男女雇用機会均等法が施行されたことも転機となったようです。企業がそれまで男女別にやってきた新人研修を、総合職、店内職のように組み立て直す必要に迫られたことをチャンスと捉《とら》え、さまざまな企業が社外研修請負事業に参入したのです。八六・八七年の各紙経済面から拾えたものだけでも、ブリヂストン、安田火災、新日鉄、日本生命といった大手企業が、社員研修を請け負う事業をはじめると発表してました。

九〇年代になると、今度はそういった研修会社で講師を務めていた人たちが独立し、新たに研修会社を起こしたり、ビジネスマナー本の執筆・監修をするようになります。

二〇一七年二月時点での国会図書館蔵書検索によるビジネスマナー本執筆者（監修含

む）の御三家は、西出《にしで》ひろ子《こ》（博子）さん（一七冊）、岩下宣子《いわしたのりこ》さん（一六冊）、古谷治子《ふるやはるこ》さん（一四冊）。七～八冊出してる人なら腐るほどいます。その結果、近年では毎年五〇冊くらいのビジネスマナー関連本が出版されるほどになりました。

こうなると、供給過剰が危惧《きぐ》されます。少子化という避けられない未来を前に、ビジネスマナーというビジネスは今後も発展を続けるのでしょうか。はたまた、過当競争で潰《つぶ》し合いになるビジネスマナー戦国時代に突入するのでしょうか。そして、今後新たに飛び出すのはどんなエセ文化論なのか。ビジネスマナーウォッチングの興味は尽きません。

第一三章　産業スパイ大作戦

江戸時代の産業スパイ

むか～し、むかし。徳川《とくがわ》家が日本を治めていたころのお話。現在の岩手県は、かなけ（サビ）の出ない南部鉄瓶を製造できることで知られていました。

その独自の製造技術を盗もうと考えた山形県の鋳物師が、百姓のフリをして岩手の釜師《かまし》に弟子入りしました。しかしすぐに正体がバレ、袋だたきにされて追い出されましたとさ。めでたし、めでたし。

この話を紹介しているのは、嶋本久寿弥太《しまもとくすやた》さんの「江戸時代の産業スパイ」というコラム（『知識』一九八八・五）。短いので詳細まで踏み込んで語られてないのが残念なのですが、文献に記されているというから、たぶん本当にあったことなのでしょう。とりあえず、他人が開発した独自技術を盗もうとする者がむかしからいたことだけは、たしかなようです。

ていうか、伝統的に日本の職人の世界では、新人に手取り足取り技術を教えようとせず、「技術は見て盗め」と教育するのがあたりまえでした。教えないどころか、才能ある後輩に抜かれることを警戒し、技術や道具を隠す狭量な先輩も少なくありません。以前、一流の職人さんがいってましたけど、隠すヤツほどたいした技術を持ってないのだそうで。

見かたを変えると、南部鉄瓶の技術を盗もうとした山形の職人は、研究熱心な人だったといえなくもありません。外部の者が盗むのは窃盗だ、というかもしれないけど、正式に弟子入りした人間が技術をおぼえて独立すれば、技術はいずれ広まります。それを避けたいのなら、一子相伝みたいにしなきゃいけません。けど、そうしたらしたで、その業界が排他的なタコツボになる可能性が高いし、もし技術を持つ者が急死したら、技術が途絶えてしまいかねません。

自社の情報は守りたい。でも、他社の情報は盗みたい。なんとも身勝手なジレンマです。

もしも、他社の技術を盗むことを業務命令として会社から指示された場合、あなたなら、どうします？

ドタバタ産業スパイ学校

ちょっと、むかし。池田《いけだ》勇人《はやと》が総理だった一九六二（昭和三七）年のお話。この年の雑誌には、産業スパイ養成学校を取材した記事がいくつか載ってます。

そのきっかけとなったのは、この年の初めに出た梶山季之《かじやまとしゆき》の小説『黒の試走車』の大ヒットでした。同僚の不審な事故死を調査する会社員が、自動車メーカーを舞台にした産業スパイ合戦に巻き込まれていくこの社会派ミステリが、発売一か月で八万部も売れたことで、著者の梶山は一躍人気作家となります。ご当人は、スパイ小説家の第一人者とレッテルを貼られたことで、うれしさ半分憂鬱《ゆううつ》半分とこぼすけど、仕事の依頼が殺到すれば、けっこうノリノリで書いちゃうのが、もの書きの性《さが》というもの。

小学館の『中学生の友　一年』にも、いくつかの事例を短編小説風にアレンジして書いてます。でもこれはさすがにこどもだまし。遠くからX線で開発中のクルマを撮影し、内部のエンジン構造を知る、なんてのはトンデモSFの発想です。X線撮影は、写す対象に

X線を照射して、対象の向こう側にあるフィルムに写すのだから、遠くからカメラで撮るのは不可能です。

しかも、撮影するときピカリとカメラが光った、なんてくだりまであります。なんでX線撮影でフラッシュ焚《た》くの。医者でレントゲン撮るとき、はいチーズ、ピカッ、なんてやらないでしょ。

赤塚不二夫《あかつかふじお》のマンガ『おそ松くん』にも「10円もらって産業スパイだ」というエピソードがあります。同級生の父親が経営する自動車メーカーが産業スパイに狙われていることを知った六つ子が警備を買って出るも、次々に敵に捕まり、おにぎりと一〇円で買収され逆スパイになるというドタバタナンセンス。初掲載がいつだったのか不明ですが、内容からいって、『黒の試走車』からヒントを得たパロディであることはまちがいありません。

こどもだけでなく、オトナたちのあいだでも、産業スパイはブームになります。なにかがブームになったと見るや、すぐに便乗する人が現れるのが世の常というもの。一九六二年の六月、さっそく、産業スパイ養成学校が開校されました。

その学校の名は「日本調査学院」。東京の四ツ谷《よつや》駅にほど近い、鍼灸《しんきゅう》学院の教室をひとつ間借りしてはじめました。各企業の調査担当者を対象に、企業スパイ対策に必要な課目を三か月で履修できるのがウリ――と、ここまでで早くも怪しさ満タンですけども、たった三か月でスパイになれる、しかもとなりの教室では鍼灸師の授業が行われている、と想像してください。ああ、昭和って愉快な時代だったのだなあ。

しかも学院の創立者・校長である石田武子《いしだたけこ》という女性がまた興味深い。『週刊サンケイ』（一九六二・七・九）の記事では四七歳と自称してるのですが、写真から受ける印象は、どう見ても六〇代かそれ以上。むかしの人は総じて老け顔だったとは思うけど……。

経歴もすごい。満州《まんしゅう》で陸軍少佐の娘として生まれた石田は、一七歳で父を亡くすと、女スパイを志願して、北京《ペキン》から上海《シャンハイ》をまたにかける諜報《ちょうほう》活動に従事したそうな。変装が得意で、正体を見破られたことはないと豪語しますが、まさか、普段の老け顔も変装？

講師陣には、特務機関で働いていた人などを揃えてます。でも、スパイって、そもそも非合法な破壊工作や妨害工作を担う人たちです。なのに校長も含め、堂々と人前に出てきて、わたし、スパイやってました！　なんてベラベラしゃべっても大丈夫なの？　スパイには守秘義務はないの？

心配してたら案の定、その年の暮れの『財界』（一九六二・一二・一五）や『週刊読売』（一二・二三）で、日本調査学院が開校から三か月で経営に行き詰まっていたことが報じられてました。

記事によると、講師陣がみんな辞めてしまったとのこと。彼らにいわせると、石田校長は諜報活動にも学校経営にもドシロウトであり、まともに講師料も払ってもらえなかったそうです。

袂《たもと》を分かった講師たちは、新たに「日本企業防衛専門学院」を立ち上げます。将来は短期大学までもっていきたいと意気軒昂《けんこう》ですがその実態は、大久保《おおくぼ》駅近く、周囲に温泉マークの建物がひしめく一画にある日本文化協会という団体のボロ家を間借り。で、履修期間も四か月って、自称女スパイの学校と、やってることはほぼ一緒じゃないですか。

『財界』は関係者の意見として、講師陣はむかし第一線にいたとはいえ、もうジイサンでもうろくしてる。失業者救済としか思えない、と揶揄《やゆ》する声を載せてます。『週刊読売』の取材では、学生は定員の五〇人を大きく下回り、開校したのが年も押し詰まった一二月ということもあり、学生の大半は仕事で忙しくて授業を欠席しています。まだまだこれからだと学校側は楽観的ですが、その後の続報がまったく見つかりませんし、少なくとも現在は両校とも存在しないので、学校経営には失敗したようです。

一九七六（昭和五一）年二月一三日号の『週刊ポスト』では産業スパイも養成するとい

う触れ込みで、中野《なかの》の「探偵警備士養成所」が取りあげられてます。ドアに聴診器みたいなのをつけて部屋の中の様子を探ったり、みんなでブロック塀に張りついて尾行の練習をしたりする授業の様子が写真で紹介されてますが、指導している講師の風貌《ふうぼう》がいかりや長《ちょう》介《すけ》に近いこともあり、ドリフのコントを彷彿《ほうふつ》とさせます。とはいえこの学校は児玉道尚《こだまみちなお》探偵養成所として現在も続いているので、先の二校とは異なる堅実な探偵学校なのでしょう。もう産業スパイは養成してないと思いますが。

華麗なるテクニック

産業スパイは梶山季之が最初に発見したのではありません。梶山は、以前から行われていた企業スパイ活動を取材して小説の構想をふくらませただけ。のちに本人も、現実には小説よりもっとあくどいことがたくさん行われているといってます。

『黒の試走車』が発売される三年前、一九五九年八月九日号の『サンデー毎日』が先駆けてその現実、さまざまな業界でのスパイ活動を取材しています。プロ野球の試合中に監督が出すサインの解読合戦。芸能界では、日本舞踊やバレエの振り付けや、ショーのアイデアが頻繁に盗まれてます。弟子志願者を装って入門し、発表会の振り付けを盗むというのだから、江戸時代の南部鉄瓶スパイと同じ手口です。ライバルの舞踊家の発表会を見に行くと、自分が考えた振り付けやアイデアがそっくり使われていて唖然《あぜん》とするも、証拠がないので訴えることもできません。

企業間のスパイ合戦の手口も披露されてます。大手メーカーは、工場見学にまぎれてライバル社のスパイが入り込むのを警戒しています。話術に長けたスパイは、ライバル社の工場近くの飲み屋で社員の話を盗み聞きしたり、何げない会話をするうちに、巧みに新製品の開発状況を聞き出します。

盲点だったのは印刷工場。家電などのメーカーも、製品の説明書や箱は印刷会社に発注します。それを盗めば、新製品の発売前に性能や価格を知ることができるというわけ。印刷工場の若い社員は安月給で不満も多い。月給の半額、四〇〇〇円程度で買収できて、印刷物を盗み出させることができるというんですから、経営者のみなさんは、あまり社員の給料をケチるのも考えものです。

なかには、会社創立以来何十年も社内文書のガリ版刷りを頼んでいた印刷所に裏切られて重要書類が流出した例もありますが、こんなことをするのはきっと、印刷代をケチる下請けいじめがあったからじゃないですか。安物買いの銭失いということわざは、労働賃金や報酬にもあてはまるのです。

製薬業界も、新薬開発をめぐるスパイ合戦の激しさで有名でした。いまはいわないようですが、以前、製薬会社の営業はプロパーと呼ばれてまして、私はてっきり、正式な・専門の、といった意味の英単語プロパーから来てるのだと思ってたのですが、この記事でプロパガンダの略だと知ってビックリ。プロパガンダは字義通りなら宣伝活動を意味しますが、実際には、やや悪いニュアンスで使われる言葉です。製薬会社のプロパーも、新製品の宣伝・売り込みだけでなく、他社の情報収集が重要な使命とされていたそうで、大学や病院をまわっては、教授や医者からなんとか新薬の臨床実験状況を聞き出そうとするのです。

先ほど紹介した日本企業防衛専門学院の代表だった古谷《ふるや》多津夫《たつお》は、六七年刊の『産業スパイ白書』でいろいろな事例をぶっちゃけてます。瓶ビールしかなかった時代、某メーカーが栓抜きなしで開けられる王冠を極秘に開発していたのですが、他社に情報を抜かれ、先に発売されてしまう事件が起きました。その例では、広告代理店に出入りしている産業スパイが新製品の開発を察知して、メーカーの下受け企業に探りを入れて聞き出してしまったのでした。

戦後産業スパイ史

さてここで、戦後の日本で大きく報道された産業スパイ事件をざっと列挙しておきましょう。最初に世間を騒がせたのは、一九六一（昭和三六）年、日本楽器が河合楽器に工作員を送り込み、労働運動をわざと激化させるなどの妨害活動を行ったとされたもの。この事件では主犯格にテレンチェフというロシア系白人がいて、まるでスパイ映画の世界観。なんとこのテレンチェフ、三年後の六四年には、凸版印刷の社員に依頼されて大日本印刷の秘密を盗んだ疑いでまた逮捕されてます。国際謀略か！　と驚かれましたが、じつはこの人、両親こそロシア人だけど日本生まれの日本育ち、妻子とテレビの『てなもんや三度笠』を見るのが楽しみという、こてこての日本人だったのです。隠密行動に徹しなければならないスパイのくせにやたら目立ちたがりだし、二度も捕まってるんだから、こんな人にスパイを頼みたくないですよね。

一九六七（昭和四二）年には、繊維業界が舞台となります。東洋レーヨンの社員が、自社の繊維製造技術情報をなぜか畑違いの川崎航空機に売り込んだものの、不審に思われ通報されてしまいます。これは当初、犯人が高校の同級生と計画した、マヌケなシロウトスパイ事件として報道されました。しかし調べが進むにつれて、犯人は一年前からライバル社の日本レイヨンにたびたび情報を売っていたことが発覚、重大な産業スパイ事件だったと発覚します。逮捕された件では、たまたま金額の折り合いがつかなかったため、べつの会社に持ち込んで御用となったのでした。

事件のあと、東レでは全従業員に「機密は漏らしません」と誓約書を書かせたのですが、そのこともすぐにマスコミに報道され、また誰か漏らしやがったな！　と社内で大騒ぎになったのだとか。

ぼくなんか、これだけですよ

一九七〇年代に入ると、世間を騒がす派手な産業スパイ事件は、ぱったりと報じられなくなりました。六〇年代末くらいになってようやく、日本の企業も情報管理に本腰を入れるようになったのです。その期を捉《とら》えて普及が進んだのが、シュレッダー。

それまでの日本企業では、不要な書類は焼却炉で燃やすか、くず屋に売るのが一般的でした。しかしこの時期、公害問題など環境への関心が高まってきたために、都市部で焼却炉を使うのがはばかられるようになりました。古紙価格が高かったので、くず屋に売って利益にしたくなるのはやまやまですが、くず屋から書類を買って、重要情報をライバル社に売りつける輩《やから》もいました。

そういった諸事情の変化と産業スパイ事件報道をきっかけに、シュレッダーに注目が集まったのです。シュレッダーは原理としては単純なので開発も容易だったそうで、六〇年代末には三〇数社が参入する過当競争になりました。

大混戦を制したのは、MSシュレッダーでおなじみの明光商会でした。六〇年代あたまからいち早く日本のシュレッダー市場を開拓していた経験と営業力を発揮して、七八年にはシェア九五パーセントと、ほぼ市場を独占してしまいます。アラフィフより上の日本人なら、テレビCMをおぼえているのでは？　竹村健一《たけむらけんいち》さんが「ぼくなんか、これだけですよ」っていうの。

コンピューター時代の幕開け

シュレッダー戦争へと脱線してしまいましたが、話を元に戻します。世間が産業スパイという言葉を忘れかけていた一九八二（昭和五七）年六月、まさに寝耳に水のニュースが飛び込んできます。日立など日本企業の社員が、アメリカでIBMの情報を盗んだとして、産業スパイ容疑で逮捕されたのです。

久々に聞いた産業スパイという言葉よりも、逮捕がオトリ捜査によるものだと伝えられたことで、日本中が驚きました。オトリ捜査って、政治家の汚職とか、マフィアの麻薬取引とか、そういう悪い人の逮捕に使うんじゃないの？　なんで普通のサラリーマンがオトリ捜査で捕まるのよ？

納得できない人たちのあいだでは、日本のコンピューター業界を叩《たた》くアメリカの策略に違いない、なんて陰謀説もささやかれましたが、結局和解になり、両社とも口を閉ざしたので真実は闇のなか。法的な和解という解決手段には、双方とも今後一切事件について公言しないという条件がつけられるのが普通です。巨額の賠償金が支払われたなんて報道ものちに出ましたけど、もちろん両社ともノーコメント。

なお、八〇年代の企業犯罪の特徴として、コンピューター絡みの事件が増えたことがあげられます。八〇年代初頭にはまだ、コンピューターを操作できるのは社内の限られた人たちだけでした。だからコンピューターを悪用して会社のカネを着服していても、他の社員はその事実になかなか気づかず、発覚したときには被害額は数千万から億単位にまでふくれあがっていた、なんて事件が、八一から八二年にかけて続けざまに起きたのです。

その一方、ＩＢＭ事件が和解に向かおうとしていた八三年には、アナログな産業スパイ事件もリバイバルしています。ひとつは、新潟の鉄工所から技術情報が盗まれた件。もうひとつは、藤沢薬品がライバル社の新薬データを盗んだとされる件。

製薬業界の闇

藤沢薬品のスパイ事件を報じた『週刊文春』（一九八三・九・二九）の記事で取材を受けた某製薬メーカーの社員は、逮捕された人は運が悪かったとしかいいようがない、と同情を禁じ得ない様子。薬品業界のプロパーで、後ろに手がまわるようなことをしてない人なんてほとんどいない。はげしい新薬開発合戦のなかでは、データを盗むなんてのは常識だし、しかたがないことだ、といい放ちます。医療問題に詳しい記者や評論家も、スパイがいけないことは大前提であるけれど、日本の保険制度のゆがみによって、医師・薬剤師・製薬業界が果てしなく癒着しているのが原因だから、そこを改革しないかぎりは「盗むが勝ち」の業界体質は変わらないだろうと指摘しています。

今回産業スパイ事件の歴史について調べているうち、私はある共通点に気づきました。それは、当事者たちの言動から、罪悪感がほとんど感じられないことなんです。産業スパイ事件が発覚、報道されても、被害側の企業が大騒ぎすることはありありません。加害側の反応も、駐車違反で違反キップを切られたくらいの感覚しかないんです。

一九六七年の東レ・日レ事件を報じた『週刊文春』（一二・一一）記事からはその傾向が強烈に漂ってきます。情報をスパイから買っていた側、日レの取締役は、おおらかな笑みを浮かべながらインタビューに答えてます。「新聞記事以来、まるっきり時間をとられっぱなしでね……およそ生産的じゃないし、こういうのがいちばんつまらんですな。友人が元気をつけろとカマボコを送ってくれましたよ……詩人の伝記を書くにも、ひとつの事実がでてくると、それからどう推測できるかを常に考える。「今回の事件についても」似たようなものです。詩といっしょですよ」

ちがうだろ。違法とわかってて他社の情報を買う行為と詩人の伝記を一緒にするなんて、人を煙《けむ》に巻こうと詭弁《きべん》を弄《ろう》してるだけ。

業界の社員たちの意見。「世の中にゃ、表と裏がありますからねえ。マージャンだって誰でもカネを賭《か》けてるが、不運なやつが捕まるだけ。今回の事件もその手だな」

「この世界では、情報の売買は常識なんです。日レは正直レイヨンといわれるほどバカ正直な社員が多いから日レだけがアミにかかった」

日レの人事部長も、騒がれるほどたいしたことじゃないと思うんですがねえ、と、逮捕拘留されてる社員の痔《じ》や胃《い》潰瘍《かいよう》が悪いことを心配し、彼らの昇給やボーナスは変わらないと全面的に擁護します。

情報を盗まれた東レの社長は財界の大物石坂泰三《いしざかたいぞう》に「盗まれたほうが悪い、戸締まりはちゃんとしておけ」と叱られて、恥ずかしい恥ずかしいと連発してたとか。

罪悪感なき人々

ＩＢＭ産業スパイ事件のときの反応も似たようなもの。いえ、産業スパイ事件だけではありません。企業犯罪全般に対して、昭和の人たちの罪悪感は非常に希薄でした。平成九年の『週刊宝石』（一九九七・一一・二〇）は企業犯罪で失職した人のその後を取材。むかしは、会社のためにやった不正で捕まり有罪となっても、子会社への左遷くらいの処分で、クビにまではしなかった。でも最近はすぐに解雇されてしまう、と、昭和と平成とで企業倫理に大きな変化があったことを示唆します。

一九七八（昭和五三）年刊『企業犯罪』のまえがきには、「企業犯罪という言葉は、おそらく耳慣れない熟語であろう」と書かれていてのけぞってしまいました。著者の室伏哲《むろぶしてつ》郎《ろう》さんは、本の元になった『朝日ジャーナル』の連載をはじめるとき、あえてこの言葉を選んだそうです。それまでは会社犯罪などと呼ばれていたといいますが、過去の新聞雑誌を確認してみると、企業犯罪、会社犯罪、ともにあまり使われてませんでした。やはり昭和の人たちにとっては、企業活動はキツネとタヌキの化かしあい、利益を上げるにはみんなあくどいことをやって他社を出し抜くのが当然だ、くらいの認識だったんです。

六八年刊、小林健男《こばやしたけお》さんの『株式会社の内幕』では会社犯罪の特徴がまとめられてます。一般の犯罪は社会の落伍者《らくご》による犯行が多いのに対し、会社犯罪は正当な業務活動の名のもとに行われるため、隠密性、発見困難性が高い。そして業務であるが故の反復継続性。それらに加えて、犯人に犯罪意識が乏しいことと、被害者の被害意識が薄弱であることがあげられてます。

五八年八月号の『新経済』に掲載された対談では、経済評論家と法務省刑事課長の認識の差が浮き彫りになるのが興味深いところ。ここでは企業犯罪は「会社事件」と呼ばれてます。評論家は開口一番、戦前は会社事件が非常に少なかったといいます。戦前の経営者には立派な行動基準があったためである。戦後は占領政策などで戦前のカタチが歪《ゆが》められたため、汚職や犯罪が増えたのだ——と、具体例をひとつもあげずに決めつけるだけなので、まるで説得力がありません。まあ、ひとことでいえば、この人は典型的な「昔はよかった」病患者です。

それを聞いた法務省刑事課長はすかさず反論。いわゆる会社事件みたいなものは、明治時代からずっと続いていて、なにも戦後の特異現象ということじゃないんですよ、とバッサリ斬り捨てます。

課長が最初の会社事件としてあげているのが、明治三三年の教科書事件——なのですが、これきっと、教科書疑獄事件のことじゃないのかな？　学校教科書の出版社同士の競争がエスカレート、なかば公然と、教科書採択権を持つ校長などへのワイロが飛び交う事態を重く見た警察が、全国で百数十人を一斉検挙したという、日本教育史の汚点となった事件。だとしたら明治三五年のまちがいです。

教科書事件の他にも、東京市の水道鉄管事件、シーメンス事件、京成電車乗り入れ事件など、戦前においても会社事件は非常にたくさんあった、と具体例を並べられては、評論家はぐうの音も出ません。

しかし、こういった会社事件では、被害感情が極めて希薄で、誰が損してるんだかわからないために、世論としての批判が盛り上がりにくいという認識では二人の意見は一致します。

世論が企業犯罪に注目するようになるのは、この対談から一〇年以上のち、七〇年代以降のことです。企業が不祥事を起こした際に社長が記者会見で深々と頭を下げたり、土下座をするなんて光景が頻繁に見られるようになったのは九〇年代になってから。

五〇から六〇年代には、経営者やサラリーマンが業務として行うことは、たとえ違法であっても許される。盗まれるほうが悪い、ダマされるほうが不注意なのだ。捕まったら運が悪い。そんな弱肉強食論を肯定する空気が強かったし、その傾向は次第に弱まりつつも、八〇年代くらいまでは続いていたのです。

それは私の個人的な経験による印象とも重なります。以前、町内会活動を取材するため、それを中心となってやっている七〇、八〇代の人たちと仕事をしたことがあるのですが、年齢層が上の人たちほど順法意識が非常に薄いのだなと感じました。調査報告書みたいな書類の改竄《かいざん》なんて、平気でやってるし、町内の人を集めた総会でも、自分たちに都合の悪いことには一切触れないし。そういう点について彼らに問いただしたら、軽く恫喝《どうかつ》されました。きっとこの人たちは現役時代から、会社で違法行為とその隠蔽《いんぺい》工作を日常的にやってたんで、歪んだ倫理観がカラダに染みついてしまったのでしょう。こんな人たちの部下でなくてよかったと思いました。

六七年刊の『産業スパイ白書』には、税務署や労働基準局を装ってライバル企業に電話をかけて情報を聞き出すなんて手法があったと書かれてますが、それ、当時も違法だったはずです。ていうか、官公庁の職員を装うそのやり口は、近年問題となっている還付金詐欺と一緒じゃないですか。

むかしそういう違法な手段で他社を出し抜き出世して、マイホームを建てて家族を育てた人たちが、いま老人になり、同じ手口の詐欺で貯めたカネをむしり取られてる。この皮肉な状況は、まさしく仏教でいうところの「因果応報」です。

あとがき

二〇〇〇年から放送されたテレビ番組『プロジェクトX』は、強い信念を持った少数の社員が、社内の「こんなもん売れるか！」みたいな反対を乗り越えて画期的な仕事を成し遂げる、なんてエピソードで人気を博しました。男たちの熱い仕事ぶりは、多くのサラリーマン視聴者の共感をよびました。

あれ？　でも、その視聴者の大半は、現実の会社では、画期的なプロジェクトの提案に「こんなもん売れるか！」「前例がない！」と反対してる側の人なのでは？

二〇一三年に放送された『半沢直樹』では、主人公の半沢《はんざわ》が少数の味方とともに、社内外の不正や圧力に立ち向かう姿が受け、高視聴率を記録しました。

ちょっと待ってくださいよ。半沢を応援していた視聴者の大半は、現実の会社で半沢みたいな社員がいたら、「余計なコトするな！」「会社なんて、そんなもんだよ」と足をひっぱる側の人ですよね？

私は二〇一五年に『「昔はよかった」病』を出版し、「古きよき日本」のイメージには、歴史や記憶の捏造《ねつぞう》が多分に含まれていることをさまざまな史料や統計からあきらかにしました。本書の企画は、その会社版をやろうというところから出発しました。

ビジネスの世界でも「昔はよかった」病が蔓延《まんえん》しているのは、いまさら指摘するまでもありません。おれたちが若かったころは文句もいわず、毎日死ぬ気で働いたんだぞ、おれたちが戦後の日本を作ったんだ、みたいな自慢話は、中耳炎になりそうなほど繰り返し聞かされてきました。

一般の人たちはそんな自慢話をただ受け流すか、鵜呑《うの》みにしますけど、私は文化史研究家なので、歴史的事実かどうかを確かめずにはいられません。「記憶を信じちゃいけないよ」が歴史研究者の合い言葉。

戦前・戦後の史料で確認してみると、死ぬ気で働いてない人がたくさんみつかりました。一〇〇年前から、若者はサボりたがってました。上司に口ごたえしてました。そのくせカネは欲しがってました。前例のないプロジェクトに携わったり偉業を成し遂げた人はごくわずか。大多数の凡人は、リスクを伴う変革や改革には反対の立場を取るんです。なんとか自分が定年まで平穏無事に過ごせますようにと、それだけを願って生きてきました。

なのに、齢《よわい》を重ねるにつれ、そういう記憶は都合よく忘れられ、いつしか自分も時代を切り開いた少数派の英雄のひとりだったかのように、脳内の記憶が書きかえられていくのです。

一九七五年の『週刊読売』（四・二六）は「上役ってかわいそうみたい」という挑発的なタイトルでOL座談記事を掲載しています。

三〇、四〇代の上司は、とにかくお金がないらしく、お昼はいつも社員食堂で一番安いメニューを食べている。会社が終わればどこにも寄らず、伝書鳩のように帰宅。上の顔色ばかりうかがってペコペコしてるので、三〇代なのにもう年寄りじみてる。不倫の対象になんて絶対ならない。

これでは『プロジェクトX』の主役になれません。周囲を見回しても半沢直樹《なおき》なんてどこにもいません。これが、現実の姿。

同じく『週刊読売』一九七一年一月七日号臨時増刊では、出世コースを走るエリート「マジメ人間」と、出世の道からはずれて最低限の昇給しかない「ズッコケ人間」を比較し、損益をはじき出してます。某銀行の給与システムで試算すると、マジメ人間とズッコケ人間とでは、生涯賃金に七五〇〇万円の差が生じるとのこと。

しかし記事では、モーレツに仕事に打ち込むマジメ人間は、報酬も多いが払う犠牲も大きいことを警告しています。ノイローゼやアルコール依存症に陥るマジメ人間が増えているとした上で、出世をあきらめズッコケ社員になることを勧めます。会社の仕事は適当にやって、余ったエネルギーで自分の好きなことや金儲《もう》けのアルバイトをやって自分を取り戻せと、ずいぶんとアナーキーな檄《げき》を飛ばします。

ところで『サザエさん』の波平《なみへい》は、原作マンガでは最後までズッコケ平社員だったって、知ってます？　研究家の話では、連載当初はそこそこエラかったそうですが、なぜか途中から平社員に降格されてるんだそうです。でも、ズッコケだからこそ、毎晩のように家族と夕飯の食卓を囲めるし、休みの日にはこどもたちとお出かけもできたのです。波平が出世第一で、午前様や休日出勤ばかりの仕事人間だったら、『サザエさん』は親子断絶の哀しい物語になっていたでしょう。

本書は、Ｗｅｂ春秋で一年間連載した原稿を元に、書き下ろし一章を加筆して完成しました。一年間、明治大正昭和の文献・史料を漁り、日本の社長と社員の文化史をひもとくのは至福の作業でした。そこには、いまと変わらぬ平凡な会社員の姿がありました。いまと変わらぬ悩みや不満やよろこびを抱えて毎日を生きてました。いまと変わらぬ不正やごまかし、失敗を繰り返してました。

むかしの人は立派だったなんてのは、やっぱり大ウソでした。社会のしくみが変わっても、一〇〇年前からサラリーマンは——いえ、日本人は基本的に変わってないことが確認できました。だけどそういう、ちっとも立派でないし、歴史に名を残さなかったむかしのズッコケ社員たちにこそ、私は共感したくなるのです。

社長はちょっと変わった……のかな？　法令無視のワンマン社長は、むかしほど多くないような気がしますけど、社長に関する史料は案外少ないし、雑誌などで社長を取りあげる場合、ヨイショする記事が中心ですから。二〇〇八年の雑誌で某居酒屋チェーンの社長が、「給料ゼロでも社員が働く会社が、最も生産性が高いんです」なんて堂々といってのけてるくらいです。社長もやっぱりむかしから変わってないのかもしれません。勝手な社長は減ったのでなく、目立たなくなっただけ？

参考文献一覧

第一章

『読売新聞』1875年6月19日付
『日本国語大辞典第2版』小学館
『女性自身』1999年9月28日号
『SPA!』1997年7月9日号
宮尾すすむ『新 あなたも社長になれる』テレビ朝日
『映画40年全記録』キネマ旬報社
尾崎盛光『日本就職史』文藝春秋
ミツヨ・ワダ・マルシアーノ編著『「戦後」日本映画論』青弓社

第二章

NHK広報局視聴者部『視聴者対応月次報告 平成28年1月』
渋沢秀雄『明治を耕した話』青蛙房
沢寿次『妾』有紀書房
黒岩涙香『弊風一班 蓄妾の実例』文元社

岩瀬彰『「月給100円サラリーマン」の時代』ちくま文庫
丸内町人「昔の重役・今の重役」（『実業之日本』1954年7月15日号）
『物価の文化史事典　明治・大正・昭和・平成』展望社
小松正鎚「三等重役の辯」（『実業之日本』1953年11月15日号）
『週刊アサヒ芸能』1966年12月11日号
『週刊大衆』1966年7月7日号
「交際費」『実業の世界』1969年1月号
『週刊大衆』1975年1月9日号
「月30万円ならハゲでも金歯でもOKよ」（『週刊平凡』1972年4月27日号）
「アパート代で愛人を囲う遠距離社員の〝生活の知恵〟」（『週刊アサヒ芸能』1971年11月4日号）
阿刀田高「安くて楽しい〝お妾さん〟入手テキスト」（『現代』1972年11月号）
「現代メカケ考」（『週刊サンケイ』1972年12月8日号）
『読売新聞』1951年1月6日付夕刊
『サンデー毎日』1951年3月4日号

第三章

『読売新聞』1926年2月10日付
『読売新聞』1951年1月6日付夕刊
『読売新聞』1951年2月7日付
「国会議員と女秘書」（『サンデー毎日』1951年3月4日号）

「秘書課業のうらおもて」(『実業之日本』1956年4月1日号)
「女秘書ビジネスワイフの魅力」(『週刊東京』1957年12月14日号)
「〝女秘書大学〟罷り通る」(『週刊サンケイ』1959年6月7日号)
『テレビドラマ全史 1953〜1994』東京ニュース通信社
「あるビジネスワイフ」(『婦人公論』1960年7月号)
「私の名は『女秘書』」(『週刊漫画TIMES』1959年12月9日号)

第四章

歌ネット(https://www.uta-net.com/)
「華族実業家邸宅地比較番付」(『実業之日本』1916年8月15日号)
佐野利器「住宅問題と其解決方法」(『太陽』1919年10月1日号)
丸内町人「昔の重役・今の重役」(『実業之世界』1954年7月号)
『朝日新聞』1973年1月3日付
見田宗介『現代の生きがい』日経新書
東京市「借地、借家争議に関する調査」(『日本近代都市社会調査資料集成1 東京市社会局調査報告書 昭和6年(3)』)SBB出版会
三宅醇「民間賃貸住宅形成の系譜を逍遙する」(『建築とまちづくり』2013年6月号)
東京市「東京市住宅調査」(『日本近代都市社会調査資料集成1 東京市社会局調査報告書 昭和6年(3)』)SBB出版会

東京市「東京市内同居世帯に関する調査」(『日本近代都市社会調査資料集成1　東京市社会局調査報告書　昭和5年(3)』)　SBB出版会
田中太郎「都市住宅問題」(『廓清』　１９１９年7月号)
小野浩『住空間の経済史』日本経済評論社
成田龍一「一九二〇年代前半の借家人運動」(『日本歴史』　１９８１年3月号)
東京市総務局都市計画課「工場労務者の住宅難問題と一団地の住宅経営」(『日本近代都市社会調査資料集成2　東京市・府社会調査報告書68　昭和13年　昭和14年(1)』)近現代資料刊行会
『住宅問題』住宅問題研究会編　相模書房

第五章

岩瀬彰『「月給１００円サラリーマン」の時代』ちくま文庫
『実業之日本』　１９１６年10月15日号
『実業之日本』　１９３６年8月15日号
『実業之日本』　１９３９年3月１日号
『朝日新聞』　１９７０年7月15日付
『婦人公論』　１９７７年9月号
「自殺・蒸発・家庭不和！　ローン返済で惨劇が激発している」(『週刊現代』　１９７２年8月10日号)
「住宅ローン大型時代　そんなに借金して大丈夫か」(『週刊サンケイ』　１９７２年9月１日号)
『住宅問題』　住宅問題研究会編　相模書房
東京都住宅局『東京の住宅問題』

『アサヒグラフ』1950年8月23日号
東京都企画調整局調査部『東京の土地 1974』
山口瞳『江分利満氏の優雅な生活』新潮文庫
神門善久『偽装農家』飛鳥新社
商事法務研究会編『社宅と寮と持ち家』
「昭和ヒトケタ大借金マイホーム作戦のクソ度胸」(『週刊文春』1972年9月4日号)
西川祐子『借家と持ち家の文学史』三省堂

第六章

「生活と趣味」(『朝日新聞』1923年12月1日〜1924年3月27日付)
「現代サラリーマン氏の優雅な生活」(『世代』1963年9月号)
「平均的サラリーマンの〈休日〉白書」(『週刊現代』1972年5月11日号)
「週休二日制の知恵」(『婦人公論』1963年4月号)
『朝日ジャーナル』1962年7月8日号
「一週五日のサラリーマン稼業」(『週刊文春』1964年2月24日号)
『週刊大衆』1972年4月20日号
『週刊大衆』1973年3月22日号
『週刊サンケイ』1973年12月21日号
三澤千代治「週休二日制くそくらえ論」(『現代』1973年10月号)
「週休二日制はなぜ日本ではうまくゆかないのか」(『週刊ポスト』1973年8月24日号)

『週刊読売』1978年9月24日号
伊藤英夫『老年犯罪に就て』司法省調査課
『読売新聞』1920年12月16日付
増川宏一『賭博Ⅲ』法政大学出版局
片岡千恵蔵「麻雀し続けた1万4600日」（『勝利』1968年10月号）
平沢清一郎『サラリーマン愉しみ手帖』学風書院
『読売新聞』1968年6月19日付
『実業の日本』1971年2月15日号
清水一行・板坂康弘「くたばれ！サラリーマン・ギャンブル」（『宝石』1983年2月号）

第七章

野口隆「古典に現れた入社式」（『旅と伝説』1938年8月号）
百木三郎他『面影』東洋陶器
『読売新聞』1954年7月12日付
『朝日新聞』1958年3月16日付夕刊
『朝日新聞』1964年4月1日付夕刊
『読売新聞』1954年7月12日付夕刊
『読売新聞』1964年4月3日付
『朝日新聞』2003年6月29日付埼玉版
「ことしの新入社員徹底調査」（『サンデー毎日』1972年4月23日号）

「実業界の先輩より見た現代会社員観」（『実業之日本』1927年2月1日号）
北垣信太郎「東京帝国大学法科大学卒業生の進路分析」（『東京大学史紀要』2004年）
稲宮又吉「学校から事務室へ行く人の爲に」（『実業之日本』1926年4月15日号）
馬場鍈一「新入社員にお小言進上」（『実業之日本』1929年5月1日号）
リーガル千太・万吉「アプレゲール親父」（『女学生の友』1950年10月号）
「今年の新入社員は……こうして選ばれてきた」（『マネジメント』1953年2月号）
「新入社員は何を見たか」（『サンデー毎日』1958年4月20日号）
「ことしの新人はナマイキだ」（『週刊読売』1962年4月29日号）
「かわい気がない新入社員」（『週刊サンケイ』1965年8月2日号）
「昭和二桁生まれ社員への告発状」（『週刊現代』1967年3月16日号）
「過保護フレッシュマンの職場感覚」（『週刊サンケイ』1968年4月22日号）
「ことしの新入社員は〝8無世代〟だ」（『週刊ポスト』1978年4月7日号）
尾崎盛光『日本就職史』文藝春秋

第八章

「東京・大阪通勤地獄ランキング」（『THE 21』1992年6月号）
パオロ・マッツァリーノ『日本人のための怒りかた講座』ちくま文庫
「ヨクガマンシマスネ　青い目の酷電体験記」（『週刊朝日』1972年10月6日号）
『朝日新聞』1965年11月17日付夕刊
『朝日新聞』1961年1月25日付

『朝日新聞』１９６２年４月27日付
「乗車率三四五パーセントの〝酷電〟ラッシュ」（『週刊言論』１９６６年11月30日号）
『読売新聞』１９１８年12月24日付
『読売新聞』１９１９年11月15日付
『読売新聞』１９２３年12月23日付
東京市統計課『帝都中心地域昼間人口調査』
『朝日新聞』１９２９年５月23日付
日浅房太郎編『文化の大東京』東京市勢普及会
『読売新聞』１９２５年２月９日付
『朝日新聞』１９３９年５月24日付夕刊
『朝日新聞』１９４２年10月25日付
竹内宏「巨大都市の経済学」（『中央公論』１９７９年６月号）
磯崎叡「通勤電車タダ論」（『文藝春秋』１９６７年９月号）
舟越健之輔『箱族の街』新潮社

第九章

吉田兼好『徒然草』
『読売新聞』１９７４年１月４日付
『読売新聞』１９２６年２月３日付
『読売新聞』１８９５年11月25日付

『読売新聞』１９２５年9月7日付
草柳大蔵「1時間１０００万円の宴会ブーム」（『週刊読売』１９６７年1月20日号）
『読売新聞』１９７０年6月27日付
『読売新聞』１９０４年11月24日付
大通散士編『宴会お座敷芸』盛陽堂
紅葉山人『笑話百題　宴会余興』東京社交倶楽部
加藤美侖『宴会座興かくし芸　是丈は心得おくべし』誠文堂
寺田真由美「昭和30年代の宴会文化における小唄ブームと民謡ブーム」（『民俗音楽研究』２００３年3月）
権田保之助「遊芸師匠の研究」（『大観』１９２２年3月号）
『読売新聞』１９２４年11月12日付
細井鵲郎「ぼうふらも虫のうち」（『月刊時事』１９６８年11月号）
「お稽古事案内」（『婦女界』１９３１年1月号）
「かくし芸教えます」（『サンデー毎日』１９７４年12月29日号）
「きびしきかな名幹事への道」（『週刊文春』１９７４年12月23・30日号）
「忘年会新年会幹事心得」（『週刊プレイボーイ』１９７２年12月5日号）
「忘年会のかくし芸アイデア集」（『女性セブン』１９７３年12月19日号）
「忘年会で絶対受ける傑作ソング集」（『微笑』１９７５年11月29日号）
森彰英「『カラオケテープ屋』繁盛記」（『宝石』１９７７年9月号）
『財界』１９７８年3月15日号

『経済往来』１９７８年６月号
「忘年会でスターになろう」（『週刊現代』１９７７年12月15日号）
山口比路志「財界に広がるカラオケ・フィーバー」（『週刊サンケイ』１９７９年１月11日号）
「上司も彼女も泣いて喜ぶバカうけ宴会芸入門！」（『週刊現代』１９８４年12月８日号）
「タモリ講師　宴会の十戒」（『週刊明星』１９８０年12月21・28日号）

第一〇章

東嶋和子『メロンパンの真実』講談社文庫
『朝日新聞』１９９５年１月31日付京都版
「１４００円でＯＫのビジネスホテル」（『週刊現代』１９６６年３月17日号）
『商店界』１９６３年12月号
小島五十人「出張ビジネスマンに食込む〝法華商法〟」（『実業の日本』１９７０年２月１日号）
「大阪の名所が一つふえた　関西一のビジネスホテル」（『週刊日本経済』１９６４年８月27日号）
『週刊朝日』１９５２年３月23日号
「公務員のカラ出張がうらやましい」（『週刊サンケイ』１９７９年10月25日号）
『週刊文春』１９７５年７月31日号
『アサヒ芸能』１９７５年８月７日号
「『出張に女房同伴』のススメと反対」（『週刊サンケイ』１９７４年２月22日号）
『週刊時事』１９９２年１月11・18日号
源氏鶏太『源氏鶏太サラリーマン文庫１　一等サラリーマン』学風書院

「新涼サラリーマン読本十講」（『実業之日本』1936年9月15日号）
前田一『続サラリーマン物語』東洋経済出版部
「出張・天国と地獄」（『実業之日本』1959年4月1日号）
田中要人『会社の実務マニュアル10　出張費の業務心得とあり方』日本法令様式販売所
「出張旅費と通勤手当」（『HR Series』1966年5月号）
『読売新聞』1970年7月8日付
『朝日新聞』1975年3月4日付
『読売新聞』1975年3月11日付
「出世したければ〝出張社員〟になれ」（『週刊文春』1970年10月26日号）
「出張旅費の浮かせ方教えます」（『宝石』1977年5月号）
「徹底調査 出張でチョッピリ儲ける法」（『週刊小説』1977年11月4日号）

第一一章

氏家信「現代文明の産んだ精神病患者」（『中央公論　臨増』1924年6月号）
『朝日新聞』1907年5月3日付
『読売新聞』1899年4月29日付
『読売新聞』1909年6月18日付
『実業之日本』1909年7月15日号
『朝日新聞』1903年6月29日付
『朝日新聞』1909年9月13日付

『朝日新聞』1911年9月2日付
『朝日新聞』1923年2月16日付夕刊
大宅壮一「生活恐怖性神経衰弱」(『サラリーマン』1932年3月号)
「神経衰弱予防法」(『実業之日本』1906年1月1日号)
園田孝吉「余が神経衰弱養生実験」(『実業之日本』1907年5月1日号)
増田義一「国民の神経衰弱を如何にすべき乎」(『実業之日本』1921年5月1日号)
斎藤玉男「神経衰弱時代に寄す」(『実業之日本』1929年12月1日号)
仲小路廉「国民的神経衰弱論」(『実業之日本』1920年11月1日号)
阿部牧郎「モーレッ社員・ああ特攻アトム隊」(『諸君!』1969年10月号)
『読売新聞』1968年5月14日付東京中央版
「エリート・サラリーマンにしのびよる精神公害」(『週刊文春』1970年12月7日号)
「課長さん、あなたは五月病では?」(『週刊朝日』1971年5月7日号)
「サラリーマンの病気・ケガ・ノイローゼ　会社はどこまで保障してくれるか」(『週刊ポスト』1970年12月11日号)
「遂に登場?!『ストレス解消課』」(『週刊ポスト』1973年9月28日号)
「中堅管理者の組織病をどう癒すか」(『中央公論　経営問題』1971年12月号)
佐多芳久「災後恐るべき神経系統の疾患」(『太陽』1923年11月1日号)
細渕富夫、清水寛、飯塚希世「日本帝国陸軍と精神障害兵士Ⅳ」(『埼玉大学紀要教育学部』2001年)

第一二章

文化庁「平成17年度国語に関する世論調査」
倉持益子「『御苦労』系労い言葉の変遷」(『明海日本語』2011年)
『日本経済新聞』2011年10月16日付
川上裕之「『ご苦労』と『お疲れ』」(『人と車』1980年2月号)
八田元夫「おつかれさま」(『政界往来』1939年10月号)
榎本千鶴夫「おつかれさま物語」(『小説倶楽部』1959年3月号)
吉沢久子監修　時事通信社編『ビジネスマナー事典』時事通信社
坂川山輝夫『仕事に生かすキー・トーク300』清話会出版
登田龍彦「挨拶表現「お疲れ(さま)」について：誤用における相互主観化」(『熊本大学教育学部紀要』2004年)
草壁焔太『敬語で恥をかかない本』日本文芸社
新渡戸稲造「行儀作法の廃頽」(『中央公論』1907年8月号)
『新説処世大鑑』大日本家政学会編
北川完三「礼法に関する諸考察とその改善」(『中央公論』1922年7月号)
伊藤重治郎『新会社員学』実業之日本社
花森安治「エチケットの戒め」(『文藝春秋　臨増』1950年12月号)
直居重雄『職場のエチケット』日本経営者団体連盟弘報部
『職業の選び方』受隆堂
ダイヤモンド社編『現代ビジネス・エチケット』ダイヤモンド社

『読売新聞』１９６４年4月18日付
『新・幹部社員読本』日本事務能率協会
日野原重明「病気見舞いのルール」（『婦人公論　暮しの設計』１９６７年1月号）
「こんな女子社員はぶん殴れ！」（『週刊アサヒ芸能』１９７３年5月17日号）
「注目を集める一流20社若手社員改造法総まくり」（『週刊現代』１９７２年8月31日号）
山口瞳『新入社員諸君！』角川書店
「『ビジネスマナー書』のベストセラー40年変遷史」（『プレジデント』２０１３年4月29日号）
鈴木健二『気くばりのすすめ』講談社
『朝日新聞』１９８３年4月12日付

第一三章

嶋本久寿弥太「江戸時代の産業スパイ」（『知識』１９８８年5月号）
梶山季之『黒の試走車』岩波現代文庫
梶山季之「企業スパイの内幕」（『中央公論』１９６２年5月号）
梶山季之「産業スパイの目が光る　あの秘密をぬすめ」（『中学生の友　一年』１９６２年8月号）
赤塚不二夫『おそ松くん全集2』曙出版
「私は〝産業スパイ学校〟の女校長」（『週刊サンケイ』１９６２年7月9日号）
『財界』１９６２年12月15日号
『週刊読売』１９６２年12月23日号
『週刊ポスト』１９７６年2月13日号

参考文献一覧

「スパイ新地図　これがニッポンなのだ」（『サンデー毎日』１９５９年８月９日号）
「盗め、しかして自衛せよ！」（『週刊朝日』１９６２年３月16日号）
古谷多津夫『産業スパイ白書』実業之世界社
『週刊読売』１９６１年８月13日号
「産業スパイ忍法帖」（『週刊朝日』１９６４年４月３日号）
「東レ産業スパイ事件の恐るべき反響」（『週刊大衆』１９６７年11月16日号）
六角弘『ドキュメント企業犯罪』ベストブック
『事務と経営』１９６３年１月号
「今日の商品解説」（『Pioneer』１９６４年１月号）
『東邦経済』１９７１年１月号
「夢を追う男たち52」（『財界』１９７８年３月１日号）
『財界』１９８３年12月13日号
滝澤荘二『部下をもつ人の企業犯罪の防ぎ方』税務研究会出版局
「藤沢薬品産業スパイ事件でわかった『この業界は〝盗む〟が勝ち』」（『週刊文春』１９８３年９月29日号）
「〝ナイロン66〟事件のあと」（『週刊文春』１９６７年12月11日号）
『週刊宝石』１９９７年11月20日号
室伏哲郎『企業犯罪』日本評論社
小林健男『株式会社の内幕』日本実業出版社
「会社犯罪を摘発する」（『新経済』１９５８年８月号）

あとがき

「ＯＬシンラツ座談会　上役ってかわいそうみたい」（『週刊読売』１９７５年４月26日号）

「マジメ人間とズッコケ人間の損益白書」（『週刊読売』１９７１年１月７日号臨時増刊）

『日経ベンチャー』２００８年10月号

本書は二〇一七年六月に春秋社より刊行された『会社苦いかしょっぱいか』を改題の上、加筆修正したものです。

パオロ・マッツァリーノ
イタリア生まれの日本文化史研究家、戯作者。公式プロフィールにはイタリアン大学日本文化研究科卒とあるが、大学自体の存在が未確認。父は九州男児で国際スパイ（もしくは某ハンバーガーチェーンの店舗清掃員）、母はナポリの花売り娘、弟はフィレンツェ在住の家具職人のはずだが、本人はイタリア語で話しかけられるとなぜか聞こえないふりをするらしい。ジャズと立ち食いそばが好き。著書に『反社会学講座』『誰も調べなかった日本文化史』（以上、ちくま文庫）、『13歳からの反社会学』『日本列島プチ改造論』『コドモダマシ』（以上、角川文庫）、『「昔はよかった」病』（新潮新書）、『みんなの道徳解体新書』（ちくまプリマー新書）など。

サラリーマン生態《せいたい》100年史《ねんし》

ニッポンの社長《しゃちょう》、社員《しゃいん》、職場《しょくば》

パオロ・マッツァリーノ

2020年12月10日　初版発行
2024年3月15日　再版発行

◆◇◇

発行者　山下直久
発　行　株式会社KADOKAWA
〒102-8177　東京都千代田区富士見2-13-3
電話　0570-002-301（ナビダイヤル）

装 丁 者　緒方修一（ラーフイン・ワークショップ）
ロゴデザイン　good design company
オビデザイン　Zapp!　白金正之
印 刷 所　株式会社KADOKAWA
製 本 所　株式会社KADOKAWA

角川新書

ISBN978-4-04-082368-3 C0236